십 대를 위한

문학 속
세계사
여행

십 대를 위한
문학 속 세계사 여행

초판 1쇄 발행 2025년 9월 30일

지은이 송영심
펴낸이 이지은 **펴낸곳** 팜파스
기획편집 박선희
디자인 조성미
마케팅 김서희, 김민경
인쇄 케이피알커뮤니케이션

출판등록 2002년 12월 30일 제 10-2536호
주소 서울특별시 마포구 어울마당로5길 18 팜파스빌딩 2층
대표전화 02-335-3681 **팩스** 02-335-3743
홈페이지 www.pampasbook.com | blog.naver.com/pampasbook
이메일 pampasbook@naver.com

값 16,800원
ISBN 979-11-7026-718-8 (43900)

십 대를 위한
문학 속
세계사
여행

송영심 **지음**

팜파스

책을 읽으며 책 속에 살아 있는 주인공들의 시대적 배경을 역사 연대기 속에서 살펴보는 것은 흥미로운 일입니다. 문학과 역사는 닮았습니다. 문학이 인간의 삶과 감정의 흐름을 담아내는 거울이라면 역사는 과거에 있었던 일을 들여다보는 거울입니다. 문학 속에서 생생한 삶의 자취를 보여 주는 인물들이 살았던 시대를 추적해 가는 것은 그 작품을 이해하는 데 많은 도움을 주지요. 반대로 세계사의 방대한 내용을 부담스러워 하는 청소년들은 그 시대를 실감 나게 그려 낸 문학 작품 속에서 역사적 사실을 흥미롭게 이해할 수 있습니다.

문학 속 세계사 여행은 딱딱한 교과서에서는 만나 볼 수 없는 시대상을 물속에 손을 담그고 손에 흘러가는 물결을 느끼는 느낌 그대로 살아 있는 그 시대의 모습을 만나는 시간 여행입니다. 교과서에서는 한두 문장으로 죽어 있는 시대가 문학 작품을 읽으면 고난과 역동의 시대를 살아낸 파란만장한 역사적 주인공들과 인간관계, 얽히고설킨 사건들 속에서 생명의 빛을 얻고 살아나 우리를 그 시대 속으로 안내합니다. 이를 통해 인류가 어떤 삶을 살아왔고 어떤 피나는 투쟁 과정을 겪었으며 어떻게 수많은 어려움을 헤쳐 나갔는지를 느끼는 지적 여정을 경험할 수 있습니다.

문학은 작가의 지식을 결집하고 상상력을 불어 넣어 창작된 이야기일 뿐 아니라 문학 속 인물들이 그 시대를 살아가면서 느끼는 감정과 생각, 사상, 사회적 배경과 역사적 사건들이 집약된 문화적 산물입니다. 따라서 문학을 통해 역사를 탐구한다는 것은 당시의 사회 구조, 사상, 인간관계, 정치와 경제를 탐색하는 과정이며 그 시대를 살아간 사람들이 선택한 시대적 사명과 갈등 구조를 파악하고 체험하는 일이지요. 문학과 역사는 실과 바늘의 관계와 같습니다. 문학 작품을 감동적으로 읽으려면 그 문학 작품의 시대 상황을 잘 이해하고 있어야 하고 시대를 잘 이해하려면 문학 작품을 통해 그 시대 속으로 들어가 실감 나게 시대에 일어났던 일들을 체험하는 과정이 도움이 됩니다.

이 책은 수십 년간 학교에서 역사를 가르쳐온 역사 교사가 사랑하는 제자들에게 역사를 더 흥미롭고 깊이 있게 이해할 수 있도록 하는 방법이 무엇일까를 고민하는 과정에서 탄생했습니다. 수업을 할 때에 아무리 어려운 역사적 사실이라도 관련된 이야기를 내러티브적으로 풀어내면 졸고 있던 학생도 눈망울을 초롱초롱하게 하며 교사가 하는 이야기에 귀를 기울였습니다. 하지만 수업 시간은 짧고 문학 작품을 소개하는 시간이 길어지면 진도를 나가기가 어려웠습니다. 그렇다면, 교과서의 서사 구조에 따라 연대기적으로 세계 명작을 선택하여 읽도록 하면 어떨까 하는 생각을 했지요. 그냥 책만 읽어라 하면 지루할 수도 있고 왜 이 책을 읽어야 하는지, 역사를 이해하는 데 어떤 도움이 되는지를 알 수 없기 때문에 친절한 해석을 부연한 책을 내게 된 것입니다.

따라서 소개하는 책은 일반적으로 세계사를 나누는 시대 구분인 고대, 중세, 근대, 현대 순으로 그 시대를 대표하는 세계적인 명작을 선정했습니다. 다년간 여러 번 역사 교과서를 집필한 저자로서 각 시대를 정말 잘 이해할 수 있는 좋은 작품을 선정했고 책을 읽지 않고 목차만 보아도 '이 유명한 작품이 이런 시대를 이야기하고 있었구나'를 한눈으로 부면서, 세계사의 전체적인 흐름을 조망할 수 있도록 구성했습니다.

학생들이 역사를 어려워하는 것은, 역사 공부를 할 때에 시대적 흐름에 해당하는 숲을 보아야 하는데 세세한 역사적 사실인 나무들만 보고 외우다가 숲 속에서 길을 잃고 헤매면서 복잡한 시대의 파도에 휩쓸려 버리기 때문입니다. 이 책은 새로운 시대로 들어가는 Part가 시작될 때마다 그 시대의 특징을 간략하게 알려 주어 지금 여행하는 시대가 어떤 시대인지를 확실히 알면서 책 속으로 들어가도록 했습니다.

늘 글을 쓰면서 '쉽게 쓰자' 합니다. 디지털 생활로 인해 문해력을 잃어 가는 청소년들을 위해 한번 책을 잡으면 술술 읽어 나갈 수 있도록 쉽게 풀이하여 썼습니다.

책의 구성은 먼저 이 작품에 나오는 시대의 배경과 관련한 역사적 내용을 이해하기 쉽게 써 나갔습니다. 또 작가가 살았던 시대와 작품을 쓰게 된 과정을 추적하여 소개하였습니다. 본격적으로 문학 작품 속으로 들어가기 전에 이 작품에 대한 제대로 된 배경지식을 갖고 작품을 대할 수 있도록 의도한 것입니다. 책이 너무 두꺼워 내용을 모두 읽지 못하는 청소년을 위해 문학의 줄거리를 맛깔나게 써 나갔고 이야기의 서사가 시대적 맥락과 어떤 관련이 있는지를 덧붙여 설명했습니다. 사람들 사이에서 회자되는 명장면에서는 왜 그 장면이 중요하고 이야깃거리가 되는지 살펴보았습니다. 그리고 문학 작품에 대한 평가와 함께 역사적 흐름 속에서 이 작품이 어떤 위치에 서 있는지를 살피며 마무리했습니다. 책에 대한 소개와 분석이 끝나면 이 책과 관련된 역사적 상식을 소개한 별면을 만나게 됩니다. 이 별면에는 문학 작품과 관련된 꼭 알아야 할 역사적 사건이나 그 시대에 유명한 인물 등이 알차게 정리되어 있어 역사적 상식을 갈무리하며 즐겁게 읽을 수 있을 것입니다.

팜파스가 만들어 내는 책은 아름답고 유익합니다. 이 책을 읽는 독자에게는 선물이 될 수 있는 섬세한 편집과 책 내용의 이해를 도와주는 주요한 역사적 사진이 풍부하게 담겨 있지요. 책 출판을 위하여 정성을 다해 편집하고 좋은 책을 위한 조언과 길잡이 역할을 해주었던 박선희 에디터를 비롯한 팜파스 관계자 여러분에게 감사하다는 인사를 전합니다.

책 출간을 누구보다 기뻐해 주고 늘 응원하는 사랑하는 딸 수민에게도 고마움을 전합니다.

송영심

CONTENTS

고대의 전통과 근대의 태동을 품은
천 년의 시간 속으로

중세를 배경으로 한 문학 속 세계사

탐욕스러운 자본의 시대,
인간의 욕망을 풍자하다

근대를 배경으로 한 문학 속 세계사

Part 04

세계 대전과 이념 갈등의 상처가
문학에 새겨지다

현대를 배경으로 한 문학 속 세계사

고대를 배경으로 한
문학 속 세계사

Part 01

신화인 듯한
현실 세계로 초대하다

세계사를 시대 구분하면

고대, 중세, 근대, 현대로 나뉘어요. 현재 우리가 사는 시대가 현대라
면 우리와 가까운 시대는 근대이고 우리와 까마득하게 멀리 떨어져
있는 시대는 고대입니다. 그리고 고대와 근대 사이에 있는 시대가 중
세이지요. 서양사에서 고대는 문명이 발생한 시대부터 로마 제국이
멸망하는 시대까지를 말해요. 그러나 이러한 틀을 동양사에 적용하
기는 어려워요. 예를 들어 볼까요? 서양사에서 고대가 끝나는 시점
은 서로마 제국이 멸망한 해인 476년이에요. 반면 동양사를 대표하
는 중국사에서는 천하를 최초로 통일한 진(秦)을 이어 중국을 재통
일한 한(漢)이 멸망한 시점인 220년을 고대의 끝으로 여기지요.
그럼에도 불구하고 고대는 동서양을 막론하고 찬란한 인류 문명이
시작되며 문자가 발명되고, 도시와 국가가 탄생하여 상업과 교역이
이루어지면서 활발한 정복 사업을 통해 고전 문화를 꽃피우는 시대
를 말합니다. 그럼 이제, 멀게만 느껴지는 고대를 우리 곁으로 불러
다 준 대표적인 문학 작품을 만나 볼까요?

호메로스의
『일리아스』

헨리크 시엔키에비치의
『쿠오바디스』

트로이 전쟁 속
신과 영웅들의 이야기

호메로스의 『일리아스』
(B.C. 750~700년경)

서양 문명은 어디서 시작되었을까요? 놀랍게도 동방의 영향을 받아 서양 문명이 발달하게 되었답니다. 서양 문명의 씨앗은 크레타섬에서 시작되었어요. 크레타에는 미노스 왕이 다스리는 미노아 문명이 꽃피우고 있었어요. 미노아의 사람들은 멀리 이집트와 메소포타미아 지역을 배를 타고 다니며 동방의 빛을 어둠만 가득하던 서양에 전달해 주었습니다. 그러나 크레타 문명은 육지에서 온 성채 국가 미케네에게 정복됩니다. 그리고 이 미케네를 중심으로 하는 그리스 연합군과 트로이가 장장 10년 동안 전쟁을 벌이게 됩니다.

기원전 8세기경 그리스에 살았던 눈먼 시인 호메로스(Homeros, BC 800?~BC 750)는 처절했던 이 전쟁을 장대한 서사시로 읊어 『일

리아스(Iliad)』라는 작품으로
승화시켰습니다.

『일리아스』에는 인간의 고
뇌와 갈등, 신이 내린 운명에
대한 저항과 선택 등 복잡다단
한 인간 세계가 그리스 신화와
역사적 사건을 바탕으로 치밀
하게 엮어져 있습니다. 고대
그리스 철학자 아리스토텔레
스부터 동방을 정복한 알렉산
드로스 대왕까지 서양 문명에
이름을 남긴 역사적 인물들이

<호메로스와 그의 안내자>
1874년, 윌리엄 아돌프 부그로

이 작품을 읽고 깊은 감동을 받았습니다. 이후『일리아스』는 서양 문
명의 정신적, 예술적 뿌리를 이루는 고대 그리스 문화를 대표하는 고
전으로 오늘날까지 많은 이들에게 널리 읽히고 있습니다.

트로이 전쟁,
서사시 속 허구가 아니라 실제 역사였다

호메로스의 위대한 서사시『일리아스』는 트로이 전쟁을 배경으로
펼쳐집니다. 트로이 전쟁은 기원전 1200년경에 그리스 연합군이 소

히사를리크 언덕에 있는 트로이 성벽
©CherryX 출처-위키미디어 커먼스 https://commons.wikimedia.org/wiki/File:Walls_of_Troy_(2).jpg

아시아에 있는 성채 국가 트로이를 함락시키기 위해 일으킨 전쟁입니다. 전쟁은 무려 10년간이나 치러졌지요.

하지만 19세기 말까지 트로이 전쟁은 실제 역사가 아니라, 서사시 속에 전해지는 전설이라고 여겼습니다. 기원전 8세기경 장님 문인인 호메로스가 읊은 『일리아스』에 나온 트로이 전쟁이 실제 사건이었다고 생각한 사람은 거의 없었습니다.

그러다가 1874년, 고고학계의 커다란 획을 긋는 기적 같은 발굴이 일어납니다. 독일의 실업가 하인리히 슐리만(1822-1890)이 오스만 제국의 아나톨리아 히사를리크 언덕에서 트로이 유적을 찾아냈다고 발표한 것입니다. 비록 그가 트로이 유적이라고 믿은 제2층의 유적보다 5단계 위인 제7층이 트로이 시대 유적층으로 밝혀졌지만, 그의 발굴 덕분에 고대 그리스사가 다시 쓰였습니다.

그렇다면 트로이 전쟁은 왜 일어났을까요? 당시 그리스는 한 나라로 이루어진 통일 제국이 아니라, 수많은 성채 국가들이 독립된 세력을 이루었습니다. 하지만 그들은 같은 언어를 사용하고, 제우스 등 같은 신을 믿었으며, 그리스를 위협하는 적은 함께 싸워 격퇴시켰지요.

호메로스의 『일리아스』는 트로이 전쟁이 끝나가는 시점에서 시작하기 때문에 트로이 전쟁이 왜 일어나게 되었는지는 직접 설명해 주지 않습니다. 다만, 트로이 왕자 파리스가 스파르타의 왕 메넬라오스와 결투하는 장면이 나오는데 헬레네가 트로이 왕 프리아모스 앞에서 자신의 신세를 한탄하는 내용이 등장합니다.

> "치라리 그날 죽었더라면 좋았을 것을.
> 내가 당신의 아들을 따라 집을 떠나고,
> 내 가족과 딸, 그리고 남편을 버렸던 그날에!
> 하지만 이제 끝없는 슬픔만이 나를 감싸고 있네요."
>
> _『일리아스』 제3권

이 내용을 바탕으로 말이 보태지고 전해져 트로이 전쟁의 원인은 다음처럼 알려졌습니다.

소아시아에 있는 성채 국가 트로이의 왕자 파리스가 세상에서 가장 아름다운 여성인 스파르타의 왕비 헬레네와 사랑에 빠졌고, 파리스가 그녀를 몰래 트로이로 데려가면서 갈등이 시작되었다고 합니다. 왕비가 사라진 것을 뒤늦게 안 스파르타의 왕 메넬라오스는 그리스를 이끄는 강력한 성채 국가인 미케네의 왕이며 형인 아가멤논에게 이 사실을 알렸습니다. 아가멤논은 모든 그리스 성채 국가에 이 사실을 알려 연합군이 만들어졌고, 아가멤논이 총사령관을 맡았습니다.

『일리아스』에는 그리스 연합군의 함선이 구체적으로 나와 있습니다. 이것을 보면, 기원전 12세기의 각 성채 국가의 국력을 잘 알 수 있습니다. 그리스의 연합 함대는 총 481척이었는데, 가장 많은 전함을 동원한 국가는 100척을 이끌고 온 미케네입니다. 그 다음으로 펠로폰네소스 반도 남부에 있는 도시 국가 필로스가 90척의 함대를 가져왔고, 스파르타도 60척의 전함을 동원했습니다.

트로이 전쟁은 이와 관련된 유적이 발굴되지 않아 실제 있었던 일인지 불분명했습니다. 하지만 슐리만의 발굴로, 트로이 전쟁뿐만 아니라 고대 그리스에 대한 일도 더 자세히 알 수 있게 되었답니다.

고대 그리스는 에게해 주변에서 꽃피운 에게 문명에서 시작되었습니다. 에게 문명은 전기와 후기로 나뉩니다. 전기를 이끌던 크레타 문명을 미케네인들이 파괴하고 에게 문명 후기를 이끌어 갑니다. 미케네인들은 트로이 전쟁의 주력군으로, 전쟁을 즐기던 호전적인 사람들이었습니다. 슐리만의 발굴로 미케네인들의 실체가 세상에 드러났지요. 슐리만이 쌍사자가 포효하는 모습의 성문을 갖추고, 견고

미케네 문명의 대표 건축
물, 성의 정문인 '사자문'
©Andreas Trepte
출처-위키미디어 커먼스
www.avi-fauna.info

한 원형의 성벽을 가진 미케네의 성채를 찾아낸 것입니다.

호메로스는 서사시에서 미케네를 '금빛이 찬란하게 빛나는 도시'
라고 칭송했습니다. 실제로 미케네를 발굴했을 때 황금으로 장식된
데스마스크(death mask)와 각종 순금 장식품들이 쏟아져 나왔습니
다. 슐리만은 미케네 원형 고분
에서 찾아낸 죽은 사람의 얼굴을
덮고 있는 황금 가면이 트로이 전
쟁 당시 그리스의 총사령관이었
던 아가멤논의 것이라고 굳게 믿
었습니다. 그래서 이 황금 가면
을 '아가멤논의 황금 마스크'로
이름 지었습니다. 후에 이 황금
가면은 아가멤논의 것이 아니라

아가멤논의 황금 마스크
©Xuan Che
출처-위키피디아 커먼스 https://www.flickr.
com/photos/rosemania/5705122218/

고 밝혀졌지만, 여전히 이 가면은 '아가멤논의 황금 마스크'로 불리고 있습니다.

전설에 의하면 미케네는 그리스의 영웅 페르세우스가 세웠다고 합니다. 미케네는 산과 산 사이의 계곡에 위치해 적의 침입을 막을 수 있을 뿐 아니라, 쳐들어오는 적군의 형세를 한 눈에 내려다볼 수 있었습니다.

한편 트로이는 난공불락의 요새로 둘러싸여 있었습니다. 호메로스는 포세이돈의 입을 빌려 트로이 성을 이렇게 표현했습니다.

"나, 포세이돈은 트로이인들을 위해
그들의 성 둘레에 두텁고 웅장한 성벽을 쌓아 주었으니,
그들의 도시는 난공불락이 되었네."

_ 『일리아스』 제7권

실제 발굴해 보니 트로이 성은 이중 구조로 된 견고한 성벽이 있었습니다. 첫 번째 성벽을 무너트려도 두 번째 성벽이 버티고 있었지요. 호메로스는 트로이 성이 높이 6m, 두께 4.5m에 달하며 약 3,000여 명의 수비대가 지키고 있다고 묘사했습니다.

그렇다면 정말 트로이 전쟁은 한 여성을 되찾기 위해 일어난 전쟁일까요? 그렇지 않습니다. 슐리만의 뒤를 이어 학자들이 연구한 결과, 트로이 전쟁은 기원전 12세기에 지중해와 소아시아 사이에 해상 무역권을 두고 일어난 것으로 밝혀졌습니다. 한때 크레타 문명을 파

괴하며 에게 문명의 승리자가 된 미케네였지만, 트로이 전쟁을 일으
킬 당시에는 이미 쇠락하는 중이었습니다. 그래서 트로이 전쟁에서
승리한 이후 미케네는 결국 북쪽에서 내려온 도리아인에게 문명을
파괴당했답니다. 그리고 그리스 세계는 기원전 8세기까지 기록이나
유적, 유물이 파괴되어 어떤 역사적인 사실도 알려지지 않은, 이른바
'암흑 시대'가 됩니다.

고대 그리스 문학의 대표 주자, 『일리아스』

✦

호메로스는 트로이 전쟁을 노래하면서 왜 '일리아스'란 이름을 붙
였을까요? '일리아스'는 '일리움에 대한 노래(Song of Ilium)'라는 뜻
입니다. '일리움'은 라틴어로 트로이의 옛 지명을 말합니다. 트로이
는 현지 튀르키예의 북동쪽 헬레스폰토스 해협의 히사를리크 구릉
위에 견고한 성을 지어 자리했습니다. 그리스의 대함대가 도착했던
곳은 바다에 접한 스카만드로스 강 하구 지역이었습니다.

총 24권으로 구성된 『일리아스』는 트로이 전쟁이 이미 시작되고
9년이 흐른 시점에서 이야기가 시작됩니다. 트로이 전쟁 중 단 51일
동안의 일들만 다루며 트로이 전쟁의 전체 과정은 간간히 회상으로
알려 줍니다. 『일리아스』의 주인공은 그리스 최고의 영웅, 아킬레우
스입니다. 아킬레우스의 아버지는 그리스 테살리아 지방인 프티아

의 왕인 펠레우스이고 어머니는 바다의 여신 테티스입니다. 그럼 이제 본격적으로 내용을 들여다볼까요?

『일리아스』 속으로

트로이 전쟁 9년째, 그리스 최고의 영웅 아킬레우스와 그리스군의 총사령관 아가멤논 사이에 심각한 불화가 생깁니다. 불화의 불씨는 아가멤논이 아폴론 신전을 지키는 신관 크리세스의 딸 크리세이스를 돌려주지 않은 데서 생겨났습니다. 크리세스는 아폴론 신에게 그리스 군사들을 응징해 줄 것을 기도했고, 이에 아폴론은 그리스 군사들 사이에 무서운 역병이 퍼져 나가게 했습니다.

매일같이 그리스 군사들이 전염병으로 죽고 군의 사기가 극도로 떨어지자, 지휘관들은 대책 회의를 열었습니다. 이때 대담하게도 아킬레우스가 아가멤논에게 크리세이스를 돌려주라고 요구합니다. 그러자 아가멤논은 앙심을 품고, 크리세이스를 돌려주는 대신 아킬레우스가 애지중지하는 아름다운 전리품인 여인 브리세이스를 빼앗아 가버립니다. 분노한 아킬레우스는 전쟁에 일절 관여하지 않습니다. 그러자 그리스군은 일대 위기를 맞습니다. 그리스 영웅 중에 분쟁을 조정하는 역할을 하는 네스토르가 나서서 둘을 화해시키려고 무던히도 애를 썼지만, 아킬레우스의 마음은 풀리지 않았습니다.

다급한 마음에 네스토르는 아킬레우스가 목숨처럼 아끼고 사랑하는 친구인 파트로클로스를 찾아가 어려운 부탁을 합니다. 아킬레우스의 마음을 돌려 그를 전장으로 불러내 주거나 만약 그게 어렵다면, 파트로클로스가 아킬레우스의 투구와 갑옷, 방패를 빌려 입고 아킬레우스인 척 싸워 전세를 뒤집어 달라는 부탁이었습니다. 파트로클로스는 아킬레우스를 찾아가 그가 없는 전장의 비참한 상황을 전했고, 마침 그때 그리스 함선에서 솟아오르는 불길을 보고 아킬레우스도 마음이 움직였습니다. 아킬레우스는 직접 전장에 나가지 않는 대신 자신의 무구와 군사를 빌려주었습니다. 그러면서 전세가 역전되어도 트로이 성 깊숙이는 들어가지 말라고 신신당부했습니다.

파트로클로스는 그러겠다고 약속하고 아킬레우스의 무구를 걸치고 전장에 나섰습니다. 투구를 쓴 모습이 누가 봐도 아킬레우스같이 보이자 트로이군은 당황하며 큰 혼란에 빠져 전세는 순식간에 뒤집혔습니다. 신이 난 파트로클로스는 아킬레우스의 당부를 잊고 적진 깊숙이 들어갔다가 위험에 처합니다. 파리스 왕자의 형이자 트로이 성의 왕 프리아모스의 아들 헥토르와 맞닥뜨렸지요. 결국 파트로클로스는 트로이 최고의 명장 헥토르에게 목숨을 잃습니다. 그의 시신은 간신히 찾아왔지만 아킬레우스의 무구는 헥토르에게 빼앗겨 버렸습니다.

파트로클로스의 죽음에 아킬레우스는 크게 분노했습니다. 아킬레우스의 어머니인 바다의 여신 테티스는 대장간의 신 헤파이스토스에게 부탁해 아들의 무구를 만들어 옵니다. 아킬레우스는 그 무구를 입고 전장에 나서서 헥토르를 죽인 다음, 그의 시신을 자신의 전차에 매달아 땅에 질질 끌고 모욕을 주었습니다. 트로이 성 위에서 헥토르의 부인 안드로마케와 트로이의 왕 프리아모스가 그 광경을 지켜보며 피눈물을 흘렸습니다.

막사로 돌아온 아킬레우스는 파트로클로스의 장례를 성대히 치렀습니다. 트로이 소년 12명을 파트로클로스와 함께 순장시켰지요. 장례식이 끝난 후에도 아킬레우스는 슬픔과 분노를 참지 못해, 헥토르의 시신을 자신의 전차 뒤에 매단 채 파트로클로스 무덤 주위를 돌았습니다.

헥토르의 시신이 무려 12일 동안이나 모욕을 당하자, 트로이를 지지하던 아폴론 신이 신들의 회의를 소집해서 죽은 자가 마땅히 받아야 하는 예우를 못 받고 있다고 강력히 항의했습니다. 그러자 제우스가 나서서 프리아모스에게 아들의 시신을 찾아올 몸값을 가지고 아킬레우스를 찾아가게 합니다.

트로이 사람들의 존경을 받았던 늙은 왕 프리아모스는 허리에 천 하나만 두르고 신발도 신지 않은 채, 아킬레우스 앞에 무릎을 꿇었습니다. 아킬레우스에게 머리를 숙이고 그의 손에 입을 맞추며 헥토르의 시신을 돌려 달라고 애원했지요. 프리아모스의 간절한 부탁에 아킬레우스도 감동을 받아 헥토르의 시신을 프리아모스에게 넘겨주었습니다. 그리고 장례 기간 동안 휴전을 선포해 프리아모스가 아들의 장례를 잘 치룰 수 있도록 도와주며 『일리아스』의 이야기는 끝이 납니다.

『일리아스』는 그 양이 방대하지만, 마치 퍼즐처럼 구성되어 있습니다. 시리즈 앞쪽 세 권과 마지막 세 권이 씨줄과 날줄처럼 연결되어 있지요. 예를 들면 제1권에서 딸을 되찾기 위해 선물을 가지고 아가멤논을 찾아가는 아버지 크리세스가 묘사되어 있는데, 제24권에 이와 비슷하게 아들의 시신을 찾기 위해 아킬레우스를 찾아가는 프리아모스의 눈물이 나오는 식입니다.

마찬가지로 제2권과 제23권을 함께 살펴보면 전쟁의 양상을 한눈에 알 수 있습니다. 제2권에서는 트로이 전쟁에 참가하는 그리스 군단이 상세히 나와 있고, 제23권에서는 파트로클로스의 장례식을 기리기 위한 장례 경기를 통해 그리스 영웅들의 면모를 살필 수 있습니다. 제3권과 제22권에서는 주인공들의 대결이 나옵니다. 제3권에서는 헬레네 왕비를 차지하기 위한 트로이의 왕자 파리스와 스파르타의 왕 메넬라오스의 대결이 묘사되고, 제22권에서는 아킬레우스와 헥토르의 대결을 볼 수 있답니다.

그런데 우리가 흔히 알고 있는 트로이 목마 이야기는 『일리아스』에 나오지 않습니다. 그 이야기들은 『일리아스』의 후속편으로 오디세우스의 귀환 길 모험을 그린 『오디세이』와, 그리스 작가인 소포클레스의 비극 『아이아스』, 그리고 로마 시대 작가 베르길리우스의 작품 『아이네이스』를 통해 전해집니다.

고대 영웅의 격돌
아킬레우스 대 헥토르의 전투

　뭐니 뭐니 해도 『일리아스』의 명장면은 제22권에 나오는 아킬레우스와 헥토르의 일대일 대결 장면입니다. 아킬레우스는 헥토르에게 합의할 생각은 꿈도 꾸지 말라고 합니다. 사자와 사람 사이에 맹약이 있을 수 없고 늑대와 새끼 양이 한마음 한뜻이 되지 못하듯이, 자신과 헥토르는 서로 적의를 품고 있기 때문에 맹약이란 결코 있을 수 없다고 외칩니다. 둘 중에 한 사람이 쓰러져 전쟁의 신 아레스를 기쁘게 하기 전에는 싸움이 끝나지 않을 것이라고 선포합니다. 아킬레우스는 헥토르에게 생각할 수 있는 온갖 무술과 전략을 구사하면서 대담한 전사가 되라고 충고까지 한답니다. 곧 자신의 창으로 헥토르를 제압해 그동안 헥토르의 창 아래 쓰러져 간 전우들의 모든 고통이 보상되리라고 말합니다.

　『일리아스』에는 또 하나의 명장면이 있습니다. 제24권에 나오는 프리아모스 왕이 아킬레우스에게 아들 헥토르의 시신을 돌려 달라고 애원하는 장면입니다. 트로이 사람들의 존경과 흠모를 한 몸에 받는 늙은 프리아모스 왕이 아킬레우스를 찾아가, 무릎을 꿇고 새파랗게 젊고 오만한 아킬레우스의 두 손에 입을 맞추지요. 아들의 시신을 되찾기 위해서 아들을 죽인 적에게 굴욕을 참고 직접 부탁하고 애원하는, 비극적이고도 참담한 장면입니다.

　프리아모스 왕은 떨리는 목소리로 아킬레우스에게 애원합니다.

\<아킬레우스에게 헥토르의 시신을 돌려 달라고 애원하는 프리아모스 왕\>
1824년, 알렉산더 이바노프

아킬레우스를 부를 때도 '고귀한 아킬레우스'라고 칭하지요. 프리아
모스는 자신과 아킬레우스의 아버지가 같은 나이이니, 아버지를 생
각해서 자신을 불쌍하게 여겨 달라고 합니다. 아킬레우스의 아버지
는 아들이 트로이 전쟁에서 승리하고 살아서 돌아갈 테지만, 프리아
모스 자신은 마지막 남은 자신의 자랑거리인 헥토르마저 죽임을 당
했기 때문에 모든 희망을 잃어버렸다고 말합니다.

아들을 죽인 사람에게 무릎을 꿇고 그 손에 입을 맞추는 아버지의
심정을 좀 헤아려 달라고 하소연하는 프리아모스의 부성애에 아킬

레우스의 마음도 풀어집니다. 덕분에 프리아모스는 헥토르의 시신을 되돌려 받게 됩니다. 아킬레우스가 프리아모스 왕의 슬픔에 공감하며 인간의 마음을 배우는 모습을 보면서 왜 『일리아스』가 지금까지 최고의 고전 문학으로 자리하는지를 잘 알 수 있습니다.

문학에 담긴 역사, 고대인의 삶을 보여 주다

✦

『일리아스』는 과연 호메로스의 단독 작품일까요? 또 『일리아스』에 나오는 이야기 중 어느 것이 역사이고 어느 것이 신화일까요?

『일리아스』에 대한 연구는 현재 진행형입니다. 서양의 가장 오래된 고전이며 명작인 덕분에, 스승 아리스토텔레스가 선물해 알렉산드로스 대왕이 『일리아스』를 줄줄이 암송하고 다닌 일화로도 유명합니다. 지금도 전 세계 수많은 학자들이 이 서사시에 담긴 진실을 파헤치기 위해 연구하고 있습니다.

우리가 『일리아스』에서 알 수 있는 중요한 역사적 사실은, 에게 후기 문명을 주도한 미케네 문명의 실체와 국가적인 저력입니다. 미케네가 10년간 전쟁을 이끌면서 총사령관을 맡을 만큼 그리스 세계의 절대 강자였다는 것을 알 수 있습니다.

고대 전쟁사의 실체도 알아볼 수 있습니다. 그리스 군대는 불패의 영웅인 아킬레우스를, 트로이 군대는 트로이 최고의 전사 헥토르를

『일리아스』제8권의 그리스어 사본
5세기 후반 혹은 6세기 초

비롯한 영웅들을 앞세워 전쟁을 치렀습니다. 트로이 전쟁에서 가장 중요한 것은 정보와 전술인데, 거짓으로 항복한 첩자들이 전쟁의 양상을 바꾸어 놓기도 합니다. 또한 헤파이스토스가 다섯 겹으로 만들었다는 아킬레우스의 무구를 상세히 묘사한 덕분에, 고대 그리스 전투복의 생김새도 알 수 있습니다. 아킬레우스의 방패는 청동으로 두 겹을 만든 후 다시 주석으로 두 겹 두르고 마지막은 황금으로 마무리한, 세상에 하나밖에 없는 오겹 방패였다고 합니다. 이를 통해 고내 전투복을 만드는 공예 기술도 살펴볼 수 있습니다.

또한 그리스 군사들이 이끈 방대한 군함들을 통해 그리스 군대가 해전에 능한 군단임을 유추할 수 있습니다. 트로이 군사들의 공술 무기로 사용한 길이 5.5m에 달하는 투창과 성을 공격하는 공성술, 전함과 방어벽을 무너트리는 화공 전술 등도 살필 수 있습니다. 이처럼 무려 3,200년 전에 일어난 전쟁이 『일리아스』에 생생하게 담겨 있습니다.

또한 고대의 생활사도 엿볼 수 있습니다. 『일리아스』의 곳곳에 장례식 장면이 나오는데, 고대 그리스인의 장례 풍습, 특히 산 사람을 함께 장사 지낸 순장 풍습을 엿볼 수 있습니다.

『일리아스』에는 신과 영웅의 이야기 외에 여성들의 역사도 담겨 있답니다. 호메로스는 『일리아스』를 통해서 새로운 역사적 장면으로 전환시키는 결정적인 부분에 항상 여성이 있었다고 이야기합니다. 또 전쟁의 시련에 눈물짓는 인간들의 군상도 잘 나타나 있습니다. 남편의 죽음을 속절없이 보아야 하는 아내의 슬픔과 사랑하는 아들의 처참한 죽음을 보고만 있어야 하는 아버지의 아픔, 딸의 안전을 위해 온갖 수모를 이겨 내는 아버지의 부성애, 아들이 세상에서 사라질까 봐 노심초사하는 어머니의 모성애, 그리고 친구의 죽음에 가슴 아파하는 우정과 슬픔이 곳곳에서 느껴집니다.

호메로스가 살았던 고대는 하루가 다르게 전쟁이 일어나는 시기였습니다. 호메로스는 작품 『일리아스』를 통해 전쟁이 가져오는 비극과 참상을 우리에게 여과 없이 전합니다. 이러한 면에서 『일리아스』라는 작품은 전쟁의 아픔을 전하고 전쟁을 반대하는, 고대의 대표적인 반전 문학 작품이라고 평가할 수 있답니다.

트로이 전쟁에 담긴 그리스 신화 이야기

『일리아스』 속 트로이 전쟁이 오랜 세월 동안 실제 역사가 아닐 것이라고 생각된 이유는 트로이 전쟁 중에 그리스 신들이 등장하기 때문입니다. 그래서 후대 사람들은 이 이야기가 신화일 뿐이라고 생각했습니다. 하지만 신화에는 늘 시대상이 담겨 있기에 『일리아스』를 읽을 때도 이 신들이 무엇을 의미하고, 어떤 역할을 맡는지를 찾아보아야 합니다. 한편, 그리스 신화에 나오는 트로이 전쟁은 무척 드라마틱해 다양한 예술 작품에 영감을 주었고, 또 문장에서 비유로도 자주 등장합니다. 여러모로 알아 두면 깊은 교양이 될 수 있는 트로이 전쟁 속 신화를 함께 살펴볼까요?

── 전쟁의 씨앗이 된 '파리스의 심판'

트로이 전쟁의 진짜 발단은 사실 아킬레우스의 부모인 펠레우스와 테티스의 결혼이었습니다. 제우스에 의해 인간 펠레우스와 바다의 여신 테티스가 결혼하게 되는데, 이 결혼식에 모든 신들이 초대되었지만, 불화의 여신 에리스만은 초대받지 못했어요. 화가 난 에리스는 '가장 아름다운 여신에게'라고 적힌 황금 사과를 결혼식장에 던졌고, 여신들은 자신이 사과의 주인이라며 일대 소동이 일어납니다. 결국 헤라와 아테나, 아프로디테 세 여신이 이다 산에서 목동을 하는 파리스에게 사과의 주인을 정하는 심판을 맡깁니다. 파리스는 왕자였지만 트로이를 멸망시킬 운명을 가지고 태어났다고 하여 산에 버려진 처지였습니다. 헤라는 자신을 선택한다면 파리스에게 부귀영화와 권세를, 아테나는 전쟁에서의 빛나는 승리와 명예를, 아프로디테는 세상에서 가장 아름다운 여인을 주겠다고 약속합니다. 파리스는 아프로디테의 제안을 받아들여 세상에서 가장 아름다운 여인 헬레네를 트로이로 데려갔고, 이로 인해 트로이 전쟁이 일어나게 됩니다.

— 치명적인 약점, 아킬레스 건

테티스는 사랑하는 아들 아킬레우스를 저승에 흐르는 스틱스 강에 담가서 아킬레우스가 다쳐도 상처를 입지 않는 불멸의 몸으로 만들었습니다. 그러나 손으로 잡고 있던 발목 부분은 강물에 닿지 않아 아킬레우스의 치명적인 약점이 됩니다. 후에 아킬레우스는 발목에 트로이의 왕자 파리스의 화살을 맞아 숨을 거둡니다. 그 후 사람들은 치명적인 약점을 말할 때 '아킬레스 건'이라고 불렀고, 의학에서도 발목의 가장 중요한 힘줄을 '아킬레스 건'이라고 칭했습니다.

— 트로이의 목마와 신관 라오콘의 죽음

세계 유명 박물관인 바티칸 박물관에는 헬레니즘 시대의 명작 '라오콘 군상'이 전시되어 있습니다. 이는 트로이의 신관인 라오콘이 쌍둥이 아들들과 함께 거대한 뱀에게 물려 고통스럽게 죽는 장면을 실감 나게 조각한 작품입니다.

『일리아스』에서 신들은 둘로 나뉘어 각각 그리스와 트로이를 응원합니다. 트로이를 응원한 신들은 제우스, 아폴론, 아프로디테, 아레스이고, 그리스를 응원한 신들은 헤라, 아테네, 포세이돈입니다. 전쟁의 막바지에 명장 오디세우스의 전략으로 그리스 군은 거짓으로 후퇴하면서 거대한 목마를 트로이에 선물이라고 남깁니다. 트로이 사람들이 그리스 첩자 시논의 말만 믿고, 병사 40~50명이 숨은 거대한 목마를 성안으로 들여 놓으려고 했습니다. 이에 트로이의 신관 라오콘이 그리스인의 선물을 경계해야 한다며 반대하자, 포세이돈이 물뱀을 보내 라오콘과 두 아들을 죽입니다. '라오콘 군상'은 1506년 로마의 산타 마리아 마조레 대성전 근처 포도밭에서 발견된 이후 바티칸 미술관의 대표적인 작품이 되었답니다.

로마 제국의 크리스트교 박해!
성 베드로와 바울의 생생한 수난기

헨리크 시엔키에비치의 『쿠오바디스』
(1896)

폴란드 작가 헨리크 시엔키에비치(Henryk Sienkiewicz, 1846~1916)가 쓴 대자 소설 『쿠오바디스(Quo Vadis)』는 고대 로마 제국을 배경으로 합니다. 독일의 유명한 역사학자 랑케는 "모든 고대의 역사는 호수로 흘러 들어가는 강물처럼 로마로 흘러 들어갔고 모든 근대의 역사는 로마의 역사로부터 다시 흘러 나왔다."는 말을 남겼습니다. 이 말처럼 찬란했던 고대 그리스·로마 문화를 담고 있는 거대한 호수가 바로 로마입니다.

로마는 왕정과 공화정을 거쳐 로마 제국을 이루며 번영해 나갑니다. 그러나 모든 역사가 그렇듯이 찬란하고도 긴 역사와 드넓은 영토를 자랑하는 로마 제국에도 어두운 시기들이 있었습니다. 로마 제국에 크리스트교가 들어와 하층민에게 널리 전파되면서 황제를 신으로 받드는 로마 제국에 커다란 동요가 일어납니다. 로마 황제들은 균열이 일어난 로마 제국을 원래 모습으로 돌려놓기 위해 해서는 안 될일들을 자행했습니다. 『쿠오바디스』는 바로 이러한 그 어두운 시기를 보낸 사람들의 이야기를 들려줍니다.

찬란했던 대 제국 로마에
희대의 폭군이 나타나다

전설에 의하면 로마는 기원전 8세기, 늑대 젖을 먹고 자랐다는 로물루스와 레무스라는 쌍둥이 형제 중 로물루스가 동생을 죽이고 테베레 강가에 세운 나라입니다. 이후 로마는 기원전 509년에 에트루리아인이 다스리던 왕정을 무너트리고, 원로원 귀족들이 나라를 다스리는 공화정을 시작합니다. 이러한 공화정 체제에서 로마는 지중해 해상권을 놓고 카르타고와 격돌하는 포에니 전쟁에서 승리했습니다. 코끼리 부대를 이끌고 알프스 산맥을 넘어 로마를 공격했던 용맹한 카르타고의 한니발 장군이지만 패배의 눈물을 삼킬 수밖에 없었습니다. 이후 '지중해는 로마의 호수다'라는 말이 탄생했습니다.

포에니 전쟁 이후 권력 다툼이 일어났던 로마의 내란을 종식시킨 독재관이 카이사르입니다. 그러나 카이사르는 공화정을 지키려는 사람들에게 암살당합니다. 후계자인 옥타비아누스가 다시 패권을 잡으면서 제정 시대를 열었습니다. 그는 이집트 여왕 클레오파트라와 함께 강력한 경쟁자였던 안토니우스의 연합 함대를 악티움 해전에서 격파했습니다. 모든 경쟁자를 물리친 옥타비아누스는 스스로를 로마의 제1시민인 '프린켑스(princeps)'로 자처하지요. 기원전 27년 로마의 원로원은 그에게 '존엄한 자'라는 뜻의 '아우구스투스'의 칭호를

로마 제국 첫 번째 황제 '아우구스투스'

수여했습니다. 첫 번째 황제가 된 아우구스투스 때부터 로마 제정 시대가 활짝 문을 열었습니다.

로마는 제정 시대에 유럽, 아프리카, 아시아 3대륙에 걸쳐 46개의 속주를 거느리는 대제국으로 성장합니다. 그런데 『쿠오비디스』의 배경은 로마 제정 시대의 전설적인 폭군 네로 황제(재위 54~68)가 다스리던 때입니다. 네로 황제의 통치 말기인 AD 63~68년에 일어난 일들을 이야기하고 있습니다. 이 소설을 이해하려면 무엇보다도 폭군 네로 황제에 대해 알아야 합니다.

네로 황제는 로마 제국의 제5대 황제입니다. 어린 나이에 황제가 된 네로는 정치보다는 예술을 좋아하는 인물이었습니다. 네로의 스

황제로 즉위한 어린 네로와 그의 어머
니 아그리피나를 묘사한 부조
ⓒCarole Raddato 출처-위키피디아 커먼스
https://www.flickr.com/photos/
carolemage/20481225182/

승은 로마의 유명한 철학가이자 정치가, 비극 작가인 세네카였는데, 네로 황제는 스승의 영향으로 그리스 예술과 문학, 연극에 깊은 관심을 가졌습니다. 『쿠오바디스』에서도 네로의 문학적 재능과 예술 감각이 묘사되어 있습니다.

네로가 처음부터 폭군이었던 것은 아닙니다. 왕이 되고 초기에는 가난한 사람들을 위해 세금을 감면해 주거나 주인에게 부당한 대우를 받는 노예들이 민사 재판을 받게 해, 사형을 금하는 등 선정을 베풀기도 했습니다. 이러한 치세로 네로는 로마 사람들에게 꽤 인기 있는 황제였습니다.

하지만 왕이 된 지 5년 정도 되자 예술가로서 영감을 얻는다는 명목으로 비상식적인 행위를 벌입니다. 결정적으로 어머니 아그리피나를 독살하고, 아내 옥타비아 황후도 죽이는 만행을 저지르며 점점 폭군의 면모를 보였습니다. 이전까지 네로를 좋게 생각하던 로마인도 네로를 비판하지요.

게다가 네로 황제는 어마어마한 사치와 방탕에 빠져 로마인들을 재난의 구렁텅이에 몰아넣었습니다. 그 대표적인 사건이 바로 『쿠오바디스』에서 역동적으로 묘사한 64년에 일어난 로마 대화재입니다.

\<로마 대화재\>
1785년, 위베르 로베르

로마 대화재는 불길이 6일 밤낮으로 이어져 로마의 14구역 중 서너 구역만을 남기고 나머지를 불바다로 만든 사건입니다.

소설에서는 네로 황제가 시적 영감을 얻기 위해 불을 지른 것으로 나오지만 사실은 그렇지 않습니다. 로마의 역사가 타키투스에 의하면, 네로는 화재가 일어났을 때 로마에서 약 80km 정도 떨어진 안티움의 별장에 있었다고 합니다. 화재 소식을 듣고는 달려와 화재를 진압하고 뒷수습하려고 노력했다는 기록이 있습니다. 네로가 로마 내 화재를 일으킨 사람으로 지목된 이유는 대화재 이후에 로마 시내의 삼분의 일에 해당하는 땅을 강제로 사서 호화찬란한 황금 궁전(도무스 아우레아)을 지었기 때문입니다. 이 일로 가뜩이나 화재로 모든 것을 잃은 로마 사람들의 인심을 완전히 잃게 됩니다.

네로 황제는 로마 대화재로 흉흉해진 민심을 수습하기 위해 화재가 방화범의 소행이라고 단정 짓고 그 범인을 크리스트교인들로 몰

<네로의 횃불> 크리스트교도들에게 화형을 내리는 네로 황제를 묘사한 그림이다.
1876년, 헨리크 시에미라츠키

아서 대대적인 박해를 합니다. 예수 그리스도의 수제자인 사도 베드로(?~64?)와 사도 바울로(10?~67?)도 이 시기에 순교합니다. 『쿠오바디스』에도 사도 베드로와 사도 바울로의 수난과 여정이 생생히 그려져 있습니다. 소설에서 나온 크리스트교 박해는 허구의 이야기가 아닙니다. 실제 네로 황제는 매우 끔찍하게 크리스트교인들을 탄압했습니다. 크리스트교 신자들에게 털옷을 입혀 들개들에게 던져 찢겨 죽게 한다든지, 십자가에 매달린 크리스트교 신자의 몸에 기름을 둘러 불을 붙여 밤에 등불로 사용하는 일도 있었습니다.

네로 황제는 폭정을 참지 못한 민중들의 반란에 도망치다 31세라는 젊은 나이에 생을 마감합니다. 실제 역사에서 네로의 죽음은 자살설과 처형설로 나뉩니다. 반란이 일어난 후 원로원은 그에게 십자가에 매달린 채 채찍으로 맞다가 죽음을 당하는 형을 선고했습니다. 처형설은 네로가 거지로 변장해 어느 그리스 섬에 숨어 있었는데, 총독이 그를 알아보고 원로원에서 명한 것처럼 처형했다는 주장입니다. 자살설은 그러한 형벌을 원치 않은 네로가 스스로 목을 찔러 자살했다는 이야기입니다. 『쿠오바디스』에서는 네로가 자살한 것으로 그렸는데, 네로 황제의 최후가 마치 눈앞에서 일어난 일처럼 실감 나게 묘사되어 있습니다.

소설에서 네로는 떨리는 목소리로 "아아, 위대한 예술가의 죽음이란 이런 것인가?"라는 독백을 늘어놓습니다. 해방된 노예들이 그의 죽음을 재촉했으나 용기가 없는 네로는 차마 스스로 목을 찌르지 못합니다. 그때 해방 노예인 에파프로디투스가 네로의 손을 잡고 단도를 목에 깊숙이 찔러 넣고 네로는 겁에 질린 눈으로 허공을 바라보며 숨이 희미해지는 걸 느낍니다. 그때 사형 집행이 유예되었다는 소식이 도착합니다. 이 말을 들은 네로는 기뻐했지만, 이미 너무 늦었다고 하면서 눈을 감습니다. 네로의 시신은 값비싼 향유에 적신 장작으로 화장되지요.

또한 『쿠오바디스』에는 네로 황제가 벌인 사치와 향락 속에서 로마 제국의 지배층인 원로원 귀족들의 가치관이 무너져 내리는 과정이 역동적으로 그려져 있습니다. 원로원의 가치를 무너뜨린 사람들은 다름 아닌 사회의 밑바닥을 살아가던 노예, 포로, 하층민이었습니다. 어떻게 그런 일이 가능했을까요? 그것은 그들이 어떠한 어려움에도 희망을 잃지 않고 살아가도록 이끌어 주는 크리스트교의 힘 덕분이었습니다. 『쿠오바디스』는 타락해지는 고대 로마 제국의 사회상을 치밀하게 재현하면서, 동시에 이와 대조적인 하층민들의 삶을 세밀하게 보여 줍니다. 그토록 척박하고 어려운 삶을 살면서도 이들은 사랑과 용서, 평등이라는 인류의 보편적 가치를 따릅니다. 이들에게 이것을 전해 준 크리스트교의 가르침을 감동적으로 그려 냅니다.

탄압 속에 꽃피운 아름다운 사랑 이야기
『쿠오바디스』

가슴이 두근대는 로맨스 소설을 좋아하시나요? 두 인물이 이끌리듯 사랑하고, 연인의 사랑을 시험하기라도 하듯이 수많은 오해와 역경이 나오지만 고통 끝에 해피엔딩을 맞는 소설 말입니다. 그런 면에서 『쿠오바디스』는 역사 소설이기 전에, 로맨스 소설로도 볼 수 있습니다. 남자 주인공 비니키우스는 호민관이면서 네로 황제 옆에서 권력의 한 축을 쥔 인물이지요. 비니키우스가 한눈에 반한 이는 로마 제국에 포로로 잡혀 온 리기 왕국의 공주 리기아입니다. 인물 관계부터 격동적인 시대 배경까지 흥미를 자극합니다. 과연 이 로맨스 소설에는 어떤 이야기가 펼쳐질까요?

『쿠오바디스』 속으로

네로 황제의 통치 말년인 64년, 비니키우스는 로마 제국을 위해 목숨을 바쳐 싸운 자랑스러운 군인이자 평민을 대표하는 호민관으로 활약합니다. 그의 삼촌은 바로 실제 역사에도 존재하는 인물인 페트로니우스입니다. 역사가 타키투스의 기록에 의하면, 페트로니우스는 로마 최고의 부자 중 한 명이자 네로 황제를 측근에서 보필한 높은 관리였습니다. 유능하고도 행정 능력이 탁월한 인물이나 방탕하고 사치스러운 연회를 즐기는 쾌락주의자 귀족이어서 금욕주의 철학자인 세네카의 비난을 받았다고 합니다. 『쿠오바디스』에서 페트로니우스는 눈에 넣어도 아프지 않을 조카 비니키우스를 든든히 지원하고 누구보다 사랑해 줍니다.

비니키우스는 탐욕과 향락으로 얼룩진 로마 궁궐의 연회에서 수선화 같이 맑은 리기아를 발견하고 한눈에 반합니다. 리기아는 로마에서 금기시된 크리스트교를 믿는 여인이었습니다. 여러 신을 믿는 고대 로마 문화에 익숙한 비니키우스는 한 종교에 헌신하는 리기아의 모습에 상당한 충격을 받습니다. 사랑은 모든 것을 감화시키듯이 비니키우스도 리기아의 영향을 받아 예수의 첫 제자인 사도 베드로에게 세례 성사를 받고 크리스트교도가 되지요.

한편 네로 황제는 예술적인 창작 욕구를 위해 로마에 불을 지르게 하고, 불타는 로마를 바라보며 시를 읊어 댑니다. 로마 대화재로 거의 폭동이 일어날 지경이 되자 그 화살을 크리스트교에 돌립니다. 대화재를 일으킨 이들이 바로 크리스트교도라고 덮어씌운 것입니다. 그 이후로 인간이 얼마나 잔인해질 수 있는지를 알려 주듯이 크리스트교 박해가 일어납니다.

이 와중에 비니키우스는 삼촌 페트로니우스의 도움을 받아 크리스트교인이기 때문에 감금된 리기아의 탈출 계획을 세우지만 실패하고 맙니다. 비니키우스는 연인을 구해내기 위해 동분서주합니다. 하지만 결국 리기아는 옷이 모두 벗겨진 채로 들소의 뿔에 묶여 경기장에 끌려 나오는 처지가 됩니다. 경기장에는 피에 굶주린 로마 시민들이 열광하며 새로운 희생자가 죽어 가는 광경을 구경하기 위해 모여 있습니다.

이때 기적 같은 일이 일어납니다. 리기아 공주의 충성스러운 종 우르수스가 들소의 목을 비틀어 죽인 것입니다. 시민들의 환호와 갈채가 쏟아지는 틈을 타 비니키우스는 로마를 위해 몸 바쳐 싸우다가 입은 상처를 보여 주며 시민들을 설득합니다. 비니키우스에게 감동을 받은 시민들은 일제히 리기아를 풀어 주라고 요구합니다. 리기아는 죽음의 문턱에서 간신히 살아 돌아와 치료를 받고, 페트로니우스는 비니키우스에게 진심 어린 충고를 합니다. 이번에는 그리스도라는 신이 구해 주었지만, 다음에는 어떤 일이 생길지 모르니 피신하라는 것입니다. 삼촌의 말에 따라 비니키우스는 리기아와 우르수스를 데리고 시칠리아 섬으로 가서 행복하고 편안한 삶을 살아갑니다.

한편 로마에서는 광기 어린 네로 황제가 사도 바울과 사도 베드로를 죽이고, 신하들도 하나둘씩 죽임당하는 일들이 벌어집니다. 마침내 페트로니우스에게도 죽으라는 명령이 떨어집니다. 페트로니우스는 역사에서도 자살로 생을 마감하는데, 소설에서도 애인

에우니케와 함께 연회석상에서 자살을 합니다. 이후 네로 황제도 군대에서 일어난 반란을 막지 못하자 자살로 생을 마칩니다.

『쿠오바디스』에서 두 연인은 크리스트교 탄압이라는 고난의 시대를 살아가면서도 사랑을 믿고 행동하기를 주저하지 않습니다. 그리고 그것만이 희망임을 보여 주고 있습니다. 시대적 배경을 뛰어넘어 힘든 시기에 사랑과 용기가 필요한 모든 이들에게 오늘날까지 깊은 울림을 선사합니다.

시대를 뛰어넘는 메시지,
사랑과 용서가 모든 것을 이긴다

소설의 제목 '쿠오바디스'란 무슨 뜻을 담고 있는 것일까요? 이 문구는 베드로의 『묵시록』에 나오는 말입니다. 작가는 여기에 성징적인 의미를 부여해 제목으로 사용한 것이지요. 소설의 에필로그에는 사도 베드로가 나옵니다. 베드로는 크리스트교 신자들의 강력한 권고로 크리스트교 박해가 일어나는 로마를 탈출하기로 결심합니다. 그런데 로마 시내를 벗어났을 때 예수 그리스도를 만납니다. 갑자기 나타난 예수가 너무 놀라워서 베드로는 이런 질문을 합니다.

"주여, 어디로 가시나이까?(쿠오바디스, 도미네? Quo Vadis, Domine?)"

<성 베드로의 십자가형> 1600년, 카라바조

"네가 어린 양들을 버렸으니 또다시 십자가에 못 박히기 위해 로마로 간다."

이 말을 들은 사도 베드로는 잘못을 깨닫고 깊이 뉘우치지요. 이때 길잡이 역할을 하던 소년 나자리우스가 허공에 대고 독백하는 베드로에게 똑같이 질문합니다.

"쿠오바디스, 도미네?"

그러자 사도 베드로가 나지막하지만, 확신에 찬 목소리로 이렇게 답합니다.

"로마로."

로마로 가면 죽는다는 것을 알지만 베드로는 죽음의 탄압을 두려워하지 않습니다. 실제로 사도 베드로는 크리스트교 박해로 사도 바울로와 함께 목숨을 잃게 됩니다. 그럼에도 크리스트교의 사랑과 용서를 죽음을 뛰어넘는 그 가치로 극대화시킨 것입니다.

이 소설을 쓴 헨리크 시엔키에비치는 타타르 계통의 폴란드인으로, 폴란드가 자랑하는 국민 작가이자 신문 기자입니다. 폴란드의 명문대인 바르샤바대학교 시절부터 일간지에 날카로운 칼럼과 서평 등을 기고하면서 문학적인 재능을 보였습니다. 그의 글에는 날선 실중주의 철학이 살아 있어서 읽는 이들의 마음을 끌어들였습니다.

헨리크 시엔키에비치의 사진

그가 『쿠오바디스』를 세상에 내보인 것은 1895년입니다. 《폴란드 일보》에 3월 26일부터 연재되었는데, 1896년 2월 29일에 연재가 끝날 때까지 열광적인 반응을 얻었습니다. 소설에 나타나는 네로 황제에게 박해를 받으면서도 굴복하지 않는 크리스트교인들의 숭고한 모습이 당시 폴란드의 애국자들 모습과 같았기 때문입니다.

폴란드는 1795년부터 소설이 시작된 1895년까지 러시아, 프로이센, 오스트리아 삼국에 의해 분할 점령을 당하고 있었습니다. 이 소설의 명성은 지방에도 전해져 지방 독자들의 적극적인 연재 요청이 잇따랐지요. 결국 크라쿠프 시의 일간지인 《시대(Czas)》와 포즈난

『쿠오바디스』의 표지

시의 《포즈난 일보》에도 동시에 연재되었습니다. 1896년에는 쿠베트흐네르·볼프 출판사에서 전 3권의 단행본으로 출간되었습니다. 단행본이 나오자마자 순식간에 팔려 나가 12판까지 나왔고, 러시아 판은 발행 4개월 만에 12만 부가 판매되는 엄청난 인기를 누렸습니다. 이에 힘입어 시엔키에비치는 폴란드인으로서는 최초로

1905년에 노벨 문학상을 받았고, 19세기에 출간된 소설 중에서 가장 많이 팔린 책이라는 진기록까지 얻습니다.

한편 시엔키에비치는 1914년 제1차 세계 대전 이후 스위스에 건너가 폴란드의 독립을 위해 모금 운동에 앞장섭니다. 폴란드의 전쟁 희생자들을 위한 구호 운동을 위해 노력하다가 숨을 거두었지요. 그 자신부터가 폴란드의 민족주의자이자 애국자였습니다. 『쿠오바디스』를 통해 그는 폴란드인에게 그들을 지배하는 강대국들을 피하려고만 하지 말고 저항하면 승리의 날이 올 거라는 메시지를 전하려 했습니다. 그렇기에 이 소설을 단순히 폭군 네로가 저지르는 박해 속에서 피어난 순애보 이야기로만 보이지 않습니다. 국민 작가로 열렬한 사랑을 받은 시엔키에비치가 폴란드인에게 전하는 메시지가 담겨 있기 때문입니다.

『쿠오바디스』는 어떠한 고난과 역경도 사랑과 신앙의 힘으로 이겨 낼 수 있다는 희망의 메시지를 독자들에게 전달하고 있습니다. 또한 혼탁한 시대에 'Quo Vadis, Domine?(주여, 어디로 가시나이까?)'라는 질문으로 경제적 파탄과 분열, 전쟁의 소용돌이 속에서 살아가는 현대인들에게도 어떤 삶을 살아야 할지를 끊임없이 묻게 합니다.

독재를 막고 귀족과 평민 사이에
힘의 균형을 잡았던 고대 로마의 정치 제도

로마는 공화정 이후 국호를 '원로원과 로마 인민(SPQR, Senatus Populusque Romanus)'이라고 정했습니다. 지금도 로마를 가면 여기저기에서 'SPQR'을 쉽게 볼 수 있습니다. 헬레니즘 시대 그리스 역사가이던 폴리비오스(BC 200?~BC 118?)는 로마에 대해 "로마 사람들조차 로마가 귀족정인지, 군주정인지, 아니면 민주정인지 단정할 수 없었다."라고 하면서 이렇게 덧붙였습니다.

"집정관이 큰 힘을 가진 것을 보면 로마의 정치 형태는 군주정처럼 보인다. 원로원의 권위는 일종의 귀족정을 나타내는 것이다. 하지만 평민의 힘을 놓고 본다면 민주정이라고 할 수 있다."

이렇듯 고대 로마의 정치 제도는 제정이 시작될 때까지 원로원과 평민회가 로마를 통치하는 집정관의 권력 남용을 감시하고 서로 견제하며 운영되었습니다. 그럼 로마의 공화정을 이끈 기구들에 대해 자세히 알아보면서, 황제가 크리스트교를 박해한 까닭을 추적해 볼까요?

— 귀족을 대표하는 정치 집단, 원로원

고대 로마는 기원전 509년에 왕정이 폐지되고 공화정이 실시되었습니다. 원로원은 로마 공화정을 이끄는 통치 기관이자 집정관에 대한 정책 자문 기관입니다. 세나투스(라틴어: Senatus)라고도 불리는 원로원은 귀족 대표로 구성되었고 정책 결정, 법률 제정, 재정·종교 문제에 대해 절대적인 권력을 휘둘렀습니다. 그러나 평민으로 구성된 의회인 평민회가 생기면서 원로원이 가진 권력 일부를 평민회와 나누어야 했습니다. 또한 카이사르가 원로원의 결정을 무시하고 무력으로 집권하고 나서 원로원은 카이사르의 지배를 받았습니다. 카이사르를 암살한 이후 원로원은 권력을 장악한 옥타비아누스에게 기원전 27년, '아우구스투스(존엄한

자)'라는 칭호를 내립니다. 그 후 제정 시대가 되면서 원로원은 황제에 완전히 종속된 기관이 됩니다.

── 평민을 대표하는 정치 대표자, 호민관

호민관(라틴어: tribunus)은 로마 공화정 시대에 있었던 평민회에서 뽑힌 평민의 대표입니다. 기원전 494년에 2명으로 시작했던 호민관은 10명까지 늘어났습니다. 호민관은 원로원에서 선출된 집정관과 함께 로마를 통치했습니다. 호민관은 평민회의 의장으로 평민회를 주재하며, 평민들의 요구를 대변하고, 평민의 권리를 지키고 보호했습니다. 또한 평민회에서 단독으로 법을 발의할 수 있었고, 원로원의 결정이라도 호민관이 거부권을 행사하면 결정을 집행할 수 없었습니다. 기원전 2세기, 10년을 사이로 두고 호민관이 된 그라쿠스 형제는 자영 농민을 위해 토지 재분배를 추진하는 개혁을 펼치다 원로원 귀족들에 의해 비극적인 죽음을 맞기도 했습니다.

── 로마 제국에서 크리스트교 박해가 일어난 이유

크리스트교는 여호와를 유일신으로 믿는 유대교의 영향을 받아 예수 그리스도가 창시했지만, 유대인만이 여호와에게 선택받은 백성이라는 선민사상을 비판하고 신 앞의 평등과 사랑의 실천을 강조합니다. 예수는 이러한 가르침을 널리 베풀다가 십자가에 못 박혀 죽음을 당했지요. 이후 예수의 제자들인 사도 베드로와 사도 바울로 등이 예수의 가르침을 열심히 전파했고, 크리스트교는 여성과 하층민 등 소외된 사람들 사이에 크게 퍼져 나갔습니다. 그러나 크리스트교는 우상을 숭배하지 말라는 가르침에 따라 로마의 여러 신들과 황제를 향한 숭배를 거부합니다. 이런 이유로 박해를 당했는데, 특히 네로 황제는 로마 대화재를 크리스트교 신자들의 책임으로 덮어씌웠고, 디오클레티아누스 황제는 크리스트교 신자들이 군대 입대를 거부한다는 이유로 대대적으로 박해했습니다. 크리스트교 신자들은 카타콤이라는 땅속 공동묘지에 몸을 숨기면서도 신앙을 버리지 않았습니다. 오랫동안 박해를 받으며 수많은 순교자가 나온 크리스트교는 313년, 마침내 콘스탄티누스 대제의 밀라노 칙령에 의해 종교의 자유를 허락받았고 392년 테오도시우스 1세 때는 로마의 국교가 되었습니다.

중세를 배경으로 한
문학 속 세계사

Part 02

고대의 전통과
근대의 태동을 품은
천 년의 시간 속으로

서양사에서 중세는 일반적으로

게르만족의 이동으로 서로마 제국이 멸망하는 476년부터 비잔티움
제국이 멸망하는 1453년까지를 말해요. 물론 다른 학설도 있지요.
서유럽 중세의 주인공은 게르만족이에요. 그들의 게르만적 전통과
유럽에 있는 그리스·로마 문명이 크리스트교와 융합되면서 주군과
기사가 봉건 제도에 의해 충성을 맹세하고 사회는 철저하게 로마 가
톨릭에 의해 지배되어 '신을 떠나서는 살 수도 죽을 수도 없는' 서유
럽 중세의 세계관이 자리하게 됩니다.

그동안 서양의 중세는 고대의 찬란한 문화가 크리스트교의 세계 안
에 봉인된 '암흑기'라고 알려졌어요. 하지만 이는 역사적 사실이 아
님이 밝혀졌어요. 서양 중세는 로마 제국의 전통이 이어진 시대인 동
시에 대학을 탄생시키고 위대한 문학이 나오며 대헌장(Magna Carta)
과 같은 근대 헌법의 초석이 마련된 역동적인 시기로 파악되지요.

한편 동양사의 중심인 중국사에서 중세는 학자들마다 생각이 다를
수 있지만, 한이 멸망하고 위·진·남북조 시대라는 장장 300여 년간
에 걸친 분열이 계속되다가 수·당·송·원·명으로 이어지는 통일 왕
조 시대가 해당됩니다. 이 시기에 불교와 도교가 꽃을 피우고 유학의
발전이 이루어지면서 중국 사회의 전통이 뿌리를 내리게 되었어요.

그럼, 중세의 시대상이 살아 있는 문학 작품을 만나러 가볼까요?

나관중의
『삼국지연의』

알리기에리 단테의
『신곡』 중 지옥편

월터 스콧의
『아이반호』

중국의 삼국시대에 활약한
영웅호걸들의 전쟁사

나관중의 『삼국지연의』

(14세기)

흔히 알려진 『삼국지』의 원래 제목은 『삼국지연의(三國志演義)』입니다. 이 책은 『수호지』, 『서유기』, 『금병매』와 함께 중국을 대표하는 4대 기서(奇書)에 들어갑니다. 여기에서 '기서'란 내용이 기이한 책이란 뜻입니다. 『삼국지연의』는 중국 삼국시대를 다룬 소설입니다. 재미있게도 중국의 삼국시대 당시 우리나라 역시 고구려, 백제, 신라의 삼국시대였습니다.

중국에도 삼국시대가 있다?
위, 촉, 오 중국의 삼국시대

✳

『삼국지연의』의 배경이 되는 중국의 역사를 살펴볼까요? 중국은 기원전 770년부터 기원전 221년까지 여러 나라로 쪼개져 서로 세력을 다투는 춘추 전국 시대를 보냈습니다. 이러한 중국의 분열을 통일한 사람이 바로 진시황입니다. 하지만 중국 최초의 통일이라는 위업을 세운 진나라(秦, BC 221~BC 206)가 15년 만에 멸망해 버립니다.

그 후 항우와 유방이 치열한 격전을 벌이는 초한전쟁 시대(BC 206~BC 202)로 넘어갑니다. 이어 유방, 즉 한고조가 세운 한나라(漢, BC 202~AD 220)로 통일됩니다. 제7대 황제인 한무제가 다스리던 시절에는 우리나라 최초 국가인 고조선이 멸망당합니다. 한나라는 황제의 외척인 왕망이 세운 신나라(新, 8~23)에 의해 15년간 멸망했다가, 유수라는 한 황실의 유능한 인물에 의해 재건국됩니다. 그래서 신나라 전의 한나라를 전한(前漢, BC 202~AD 8), 신나라 멸망 이후 한나라를 후한(後漢, 25~220)이라고 합니다.

이제 나관중(羅貫中, 1330?~1400?)의 『삼국지연의』가 펼쳐지는 시대가 다가옵니다. 후한 말기에 어린 황제들이 제위에 오르면서 어린 황제를 조종해 환관과 외척, 대토지를 소유한 호족들이 권력을 휘두르며 나라가 매우 혼란스러워졌습니다. 이 틈을 타 184년, 머리에 누런 두건을 두른 사람들이 난을 일으킵니다. 머리의 누런 두건 때문에 '황건의 난'이라고 불렸지요. 이 난을 일으킨 이는 중국 최초의 도

황건적의 난

교 교단인 오두미도에서 갈라져 나온 태평도의 우두머리 장각이었습니다. 그는 스스로 황제의 자리에 오르려다가 거사 계획이 들통나자 전국에 격문을 돌리고, 난을 일으켰습니다.

황건의 난을 흔히 농민들이 대거 참여한 도둑떼라고 해서 '황건적의 난'이라고도 합니다. 당시 농민들은 정치에 관심 없는 무능한 황제와 황제를 속이고 부패 정치를 하는 환관, 지방 호족과 부패한 탐관오리들의 등쌀에 시달렸습니다. 더구나 황건의 난이 일어날 즈음에 메뚜기 떼가 습격하는 등 가뭄과 흉년 같은 자연재해가 이어져 거의 죽을 지경이었지요. 황건의 난이 일어난 지 몇 달도 안 되어 60만 명으로 세력이 늘어났다는 사실이 당시 농민들의 절박한 상황을 잘 보여 줍니다.

이렇게 황건의 난으로 후한이 큰 혼란에 빠지자, 전국에서 영웅호걸들이 들고 일어납니다. 그중 대표 세력들은 각기 나라를 세웠습니다. 나라를 세운 국왕들은 저마다 책사를 데리고 나라를 통일할 수 있는 방책을 내세우며 중국을 삼등분시켰습니다. 이 시대가 바로 중국의 삼국시대입니다.

이 삼국시대의 역사를 국가의 명으로 기록한 역사책이 있습니다.

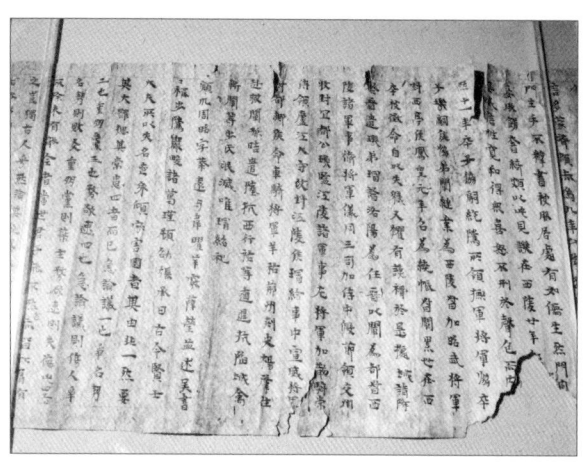

진수의 『삼국지』 기록 일부
ⓒ猫猫的日记本 출처-위키피디아 커먼스
https://commons.wikimedia.org/wiki/File:A_Fragment_of_Biography_of_
Bu_Zhi_History_Books_of_Three_Kingdoms_01_2012-12.JPG

그것이 진수가 지은 역사서 『삼국지』입니다. 진수는 삼국 중 위나라를 계승한 나라인 서진의 역사가입니다. 진수의 『삼국지』에는 우리나라의 초기 국가인 부여, 고구려, 옥저, 동예, 삼한에 대한 역사적 사실도 상세히 담겨 있습니다. 역사서 『삼국지』는 훗날 나관중이 쓴 소설 『산국지연의』의 바탕이 되기도 했지요.

　나관중의 『삼국지연의』에 나오는 삼국은 조비가 세운 위나라, 유비가 세운 촉나라, 손권이 세운 오나라를 말합니다. 연대적으로는 위나라가 가장 빠른 220년에 건국되었고, 촉나라가 221년, 오나라가 222년에 세워졌습니다. 삼국이 통일되는 시기는 서진이 오나라를 멸망시킨 280년이니, 삼국시대는 220년에서 280년까지인 60년 동안을 말합니다. 그러나 많은 사람들이 황건의 난이 일어난 184년부터 삼국시대가 시작되었다고 생각한답니다. 삼국 중 가장 먼저 건국된 위나라를 세운 인물이 조비이지만, 조비의 아버지인 후한의 승상 조조 때 이미 국가의 기반이 마련되었기 때문입니다.

합리적이고 유능한 책략가인 조조는 후한 말기에 힘없는 황제를 허수아비로 만들어 권력을 멋대로 주무르던 제후 동탁을 제거합니다. 이후 196년에 헌제를 옹립하고 후한의 수도를 허현(지금의 허난성 쉬창시 동쪽)으로 옮겼습니다. 이때 그가 실시한 둔전제는 농민의 민생 안정을 돕는 성공적인 정책으로 평가받았습니다. 조조는 동탁을 제거한 여포와 다른 강력한 제후들을 물리치고, 삼국 중 가장 강대한 국가의 기반을 만들어 나갑니다. 조조가 죽은 후 아들 조비는 헌제를 위협하여 황제의 자리를 물려받아 위나라 문제에 오른 후 조조를 무제로 추존합니다.

진수의 역사책인 『삼국지』는 조조가 기반을 닦은 위나라를 중심으로 이야기하지만, 나관중이 지은 소설 『삼국지연의』는 한나라 황실의 후예로 정통성을 가진 유비가 세운 촉나라(보통 촉한이라고 부릅니다)를 중심으로 사건이 전개됩니다. 또 삼국의 책사 중에서도 유비가 거느린 제갈공명이 주요 인물로 이야기를 이끌지요. 하지만 촉나라는 유비와 제갈공명이 죽은 후 간신들이 날뛰다가 위나라의 대대적인 정벌로 263년에 삼국 중 가장 먼저 멸망하고 맙니다.

한편 오나라는 유비와의 연합 작전으로 적벽대전에서 조조의 대군을 격파시킨 손권이 세운 나라입니다. 조조는 손권과 한 달 넘게 대치하다가 "자식을 낳는다면 손권과 같은 자를 원한다."는 말을 남

중국 고서에 그려진
조조와 유비가 대화
하는 장면

기며 퇴각합니다. 오나라는 촉나라가 멸망한 이후에도 중국 북쪽을
모두 통일한 위나라의 위협 속에서 십수 년을 버팁니다. 하지만 결국
위나라를 이은 서진에 의해 280년에 역사 속으로 사라지지요.

난세가 영웅을 만든다,
걸출한 영웅호걸들의 대결

『삼국지연의』는 위, 촉, 오 시대를 배경으로, 실제 사건에 세밀하
고도 박진감 넘치는 묘사와 치열한 갈등 구조를 넣어 탄생한 소설입
니다. 『삼국지연의』에 나오는 인물은 천 명이 넘습니다. 그 인물들
의 이야기를 모두 소개하자면 이 책이 몇 권이 되어도 모자랄 것이니
여기서는 소설을 이끄는 핵심 인물들 위주로 살펴보겠습니다.

황건적의 난이 일어나자 천하의 영웅호걸들이 의병을 조직합니다. 의병을 이끈 사람들 중에 유비, 관우, 장비가 있었습니다. 세 사람은 의기투합해서 의형제를 맺기로 합니다. 장비의 집에 있는 복숭아나무 아래에서 의형제를 맺으며 살아도 같이 살고, 죽어도 같이 죽기를 맹세하지요. 이것을 '도원결의'라고 합니다. 복숭아꽃이 흩날리는 가운데 유비를 큰형님으로, 관우를 둘째로, 장비를 막내로 의형제를 맺습니다.

　이후 황건적은 소탕되었지만 권력을 잡아 세상을 어지럽히는 동탁을 제거하기 위한 연합군이 결성됐습니다. 유비는 물론, 원소와 조조 등이 모두 참여해 동탁을 물리치는 데 힘을 합쳤습니다. 그러자 동탁은 이에 낙양을 버리고 장안으로 도읍을 무리하게 옮깁니다. 그 과정에서 많은 사람들이 죽게 됩니다. 동탁을 내몰기 위해 천하의 영웅들이 힘을 모으는 사이, 동탁은 여포에게 살해를 당합니다. 여포는 동탁 대신 잠시 권력을 잡았지만, 곧 이각 등에게 패해 장안에서 물러나면서 천하는 한치 앞을 내다볼 수 없는 형세가 됩니다.

　이 와중에 후한의 황제 헌제가 의지할 인물을 찾을 때 조조가 헌제를 보호하면서 조조는 실질적인 권력을 손에 넣습니다. 그 시기에 유비는 우여곡절 끝에 조조의 도움을 받아 서주 지역을 차지하는데, 유비는 조조에게 굴종하기를 거부하고 군사를 일으킵니다.

하지만 결국 조조에게 대패하고, 원소와 형주 자사인 유표에게 몸을 맡기지요. 이후 201년에 조조는 관도대전에서 원소를 물리치고 중국의 북부를 차지합니다. 때문에 유비는 다시 한 번 조조와 맞서야 했습니다. 유비는 명성이 자자한 정치가이자 전략가인 제갈량을 세 번이나 찾아가 책사가 되어 달라고 간청합니다. 여기에서 '삼고초려(三顧草廬)'라는 말이 나오지요. 유비는 삼고초려 끝에 마침내 제갈량, 즉 제갈공명을 책사로 얻게 됩니다.

한편 황건적 토벌과 반동탁 연합군에 참여한 적이 있는 손견은 유표와 싸우다가 죽고, 그의 장남인 손책이 삼국 중 가장 나중에 건국되는 오나라의 기틀을 마련했습니다. 그러나 손책이 자객에게 뜻하지 않게 죽게 되면서 오나라를 건국한 사람은 그의 동생 손권이 됩니다.

수많은 인물들이 등장해 다소 복잡했지만 이렇게 해서 삼국시대가 되었습니다. 이제 중국은 조조, 유비, 손권에 의해 삼등분되었지요. 그중 가장 강대한 국력과 군대를 가진 조조가 엄청난 대군을 이끌고 남쪽으로 내려옵니다. 이에 유비와 손권의 연합군이 208년 적벽에서 불을 이용한 공격으로 조조군을 대패시켰습니다. 이것이 그 유명한 '적벽대전'입니다.

208년, 조조는 패권을 다투던 원소와의 싸움에서 승리하고, 천하를 통일하기 위해 18만 대군을 이끌고 손권을 치기 위해 남쪽으로 내려옵니다. 손권은 유비와 연합하지만 군대는 고작 8만여 명뿐이었습니다. 조조의 군대에는 오랜 진군에 지치고 뱃멀미를 하는 병사들이 많았습니다. 뱃멀미를 막기 위해 배들을 서로 쇠고리로 연결해 덜 흔들리게 한 다음에 창장강변에서 쉬고 있었습니다. 이것을 보고 손권의 장수 황개가 불을 이용한 화공전을 생각해 냅니다. 항복하는 척하면서 조조 군단에 다가가 불을 붙이는 작전이었습니다. 이 작전은 성공해서 서로 묶어 둔 조조의 병선들에 연달아 불이 옮겨 붙게 됩니다. 조조 군단은 불을 끄느라 야단법석이었고 군사들은 불을 피해 강물에 뛰어 드는가 하면, 말들은 불에 놀라 날뛰었습니다. 이때를 놓치지 않고 손권과 유비의 연합 군단이 일제히 공격하면서 조조 군단은 순식간에 대패하고 맙니다.

이후 형세가 뒤바뀌어 관우의 맹활약이 돋보이는 북벌이 시작됩니다. 그러자 조조는 손권과 손을 잡고 관우의 군대를 강릉에서 대패시킨 후 관우를 죽입니다. 관우가 죽은 후 얼마 있지 않아 조조도 세상을 떠나고, 그의 아들 조비가 헌제에게서 위나라의 황제 자리를 물려받아 문제로 즉위합니다.

한편 유비도 촉한을 세우고 관우의 원수를 갚기 위해 오나라를 공격하다가 그만 손권의 군사가인 육손에게 공습을 당해 대패합니다. 장비마저 급한 성질을 죽이지 못하고 관우의 원수를 갚으려 오나라로 쳐들어가는 길에 부하에게 암살을 당합니다. 223년에 덕망과 인품으로 촉한을 다스리던 유비도 제갈공명에게 어린 아들 유선을 부탁한 후 눈을 감습니다. 제갈공명은 유비의 뜻을 받들어 여러 차례 북벌에 오르지만, 위나라를 제압하지 못한 채 결국 병에 걸려 세상을 떠납니다. 제갈공명이 눈을 감은 후 국력이 약해질 대로 약해진 촉한은 위나라의 군사가 등애와 종회의 공격으로 역사 속으로 사라집니다. 홀로 남은 강남 지역의 오나라도, 위나라의 황제 자리를 빼앗은 사마의의 손자 사마염이 265년에 세운 서진에게 280년에 멸망당했지요. 이렇게 삼국시대는 끝이 나고, 나관중의 소설 『삼국지연의』도 대미를 장식합니다.

삼고초려, 괄목상대…
수많은 고사성어를 탄생시킨 명저

『삼국지연의』에는 아주 감동적인 장면이 있는데, 바로 유비가 죽고 나서 촉한의 황제 유선에게 제갈공명이 출사표를 올리고 출정하는 장면입니다. 소설 속 수려한 문장을 읽어 보면 인간으로서 지켜야 하는 의리와 신외, 나라에 내한 애국심에 대해 다시 한번 생각하게 됩니다. 제갈공명의 출사표는 전출사표와 후출사표가 있는데, 후출사표는 후대 사람들이 과장되게 미화했다는 설이 있으며, 보통 제갈공명의 출사표라고 하면 전출사표를 말합니다. 이 출사표를 읽고 눈물을 흘리지 않는 사람은 충신이 아니라는 말도 전해진답니다.

출사표에는 조조가 치룬 전투와 전략 및 그의 영웅성에 대해 제갈공명이 꼼꼼하게 분석한 내용이 담겨 있습니다. 그러나 이렇게 출사표를 던지고 출정한 제갈공명은 위나라에게 패배합니다. 특히 그의 지시를 어긴 부하 마속에 의해 요충지인 가정을 잃게 되었지요. 제갈

공명은 진심으로 마속을 아꼈지만, 군기를 어길 수 없어 눈물을 참으며 마속의 머리를 베어 버렸습니다. 이때 생긴 고사성어가 '읍참마속 (泣斬馬謖)'입니다.

『삼국지연의』를 읽다 보면 저절로 고사성어를 익히게 됩니다. 그중 지금까지도 많이 사용되는 고사성어가 앞서 이야기한 '삼고초려 (三顧草廬)'입니다. 유비가 왜 출중한 인물인지를 잘 알 수 있는 부분이지요. 제갈공명을 책사로 삼기 위해 그를 세 번이나 찾아가서 마침내 목적을 달성한 것을 두고 '삼고초려'라고 합니다. 무릇 영웅은 사람을 알아보는 심미안과 인내심, 겸손함이 있어야 함을 알려 주는 말입니다. 이후 유비는 "내게 제갈공명이 있는 것은 마치 물고기가 물을 얻은 것과 같다."고 말했는데, 여기에서 '수어지교(水魚之交)'라는 말이 나왔습니다.

또한 이 책에서 '괄목상대(刮目相對)'라는 말도 나옵니다. '괄목상대'란 오나라의 손권이 장수 여몽을 불러 학문을 게을리하는 것을 꾸짖었더니, 그 후 여몽이 학문에 전념한 덕분에 눈을 비비고 상대방을 처다볼 정도로 확 달라진 모습을 보였다는 데서 유래한 말입니다.

조조가 한 말에서 생겨난 고사성어도 알아볼까요? '계륵(鷄肋)'이란 먹을 것은 별로 없고, 그렇다고 버리기에는 아까울 때 사용하는 고사성어입니다. 이 말은 조조가 유비와 '한중'이라는 땅을 놓고 싸울 때, 이 땅을 '계륵'이라 하면서 철수한 데서 생겨났습니다.

『삼국지연의』에 있는 역사와 허구 사이

나관중은 원나라 말기와 명나라 초기에 살았던 인물로, 원래 이름이 본(本)이고 자가 관중(貫中)입니다. 『삼국지연의』는 1368년경에 세상에 모습을 드러냈습니다. 어떤 학자들은 120장으로 된 이 소설을 나관중이 모두 쓴 것이 아니라, 『수호지』의 작가 시내암이 전반부를 쓰고 나관중은 후반부를 썼다고 주장하기도 합니다.

『삼국지연의』의 가장 오래된 판본의 첫 권에 나관중은 이런 말을 적어 놓았습니다.

'진평양후진수사전(晉平陽侯陳壽史傳), 후학나관중편차(後學羅貫中編次).' 이 글은 무슨 뜻일까요? 이 말은 '진나라의 평양후 진수가 지은 역사와 전기를, 후학인 나관중이 그 순서에 따라 다시 엮는다.'라는 뜻입니다. 그가 직접 밝힌 이 말을 통해 『삼국지연의』의 바탕이 된 역사서가 진수가 쓴 『삼국지』임을 알 수 있지요. 나관중은 이외에도 『후한서(後漢書)』, 『자치통감(資治通鑑)』 등의 역사서는 물론, 민

중국 고서(명나라 때 책) 속 유비, 관우, 장비가 도원결의를 하는 삽화

간에서 덧붙여진 이야기도 모두 찾아서 흥미진진하고 박진감 넘치는 소설 『삼국지연의』를 완성했습니다.

『삼국지연의』에 등장하는 천여 명이 넘는 인물이 모두 실존 인물인 것은 아닙니다. 그중에는 나관중이 창작한 인물이 상당수 있지요. 독자들이 가장 인상적으로 꼽는 도원결의 역시 실제 역사는 아닙니다. 다만, 세 사람이 정말 친했기 때문에 그런 일이 있을 수 있다는 개연성은 충분하지요.

『삼국지연의』가 촉한을 중심으로 서술되었기 때문에 촉한의 위상이 실제보다 더 과장되게 묘사된 점도 생각해야 합니다. 위나라에 비해 촉한은 영역 면에서나 인물 면에서나 경쟁이 되지 않는 나라였다는 것이 학자들의 평가입니다. 인물에 대한 평가도 다른 점이 있습니다. 『삼국지연의』에서 유비는 덕망 높은 국왕으로 묘사되지만, 조조는 탐욕스럽고 포악하며 의심이 많고 사람 죽이기를 즐기는 '간교한 영웅'으로 그려집니다. 그러나 진수가 쓴 역사서 『삼국지』에서는 조조를 매우 높이 평가합니다. 또 『삼국지연의』에서 장비는 성미가 매우 급하고 잘못 판단하는 일이 적지 않은 인물로 그려지지만, 진수가 평가한 장비의 모습은 그렇지 않았습니다. 진수는 관우와 장비를 이렇게 평가했습니다.

"관우와 장비는 모두 만인지적(萬人之敵)이라 칭해진 당대의 호랑이 같은 장수였다."

"관우와 장비, 두 사람 모두 나라의 뛰어난 선비의 풍모가 있었다."

이렇듯 『삼국지연의』 속 이야기는 역사 사실과 다른 점이 꽤 있습니다. 그렇다 하더라도 『삼국지연의』를 읽지 않고서는 중국사에 대해 이야기할 수 없을 정도로, 수많은 정보와 인생에 도움이 되는 이야기가 가득합니다. 한 번만 읽을 것이 아니라 시간이 될 때마다 여러 번 보면, 읽을 때마다 좋은 교훈을 새롭게 얻을 수 있는 책입니다.

천하를 제패하기 위해 분투했던
삼국시대의 또 다른 명장면

역사가 어려운가요? 아주 쉽게 이해하는 방법이 있답니다. 333을 기억하세요. 3세기는 중국도 3국시대, 우리나라도 3국시대였습니다. 그 중국의 삼국시대에 이어지는 시기를 위진남북조(魏晉南北朝) 시대라고 합니다. 위나라는 삼국 중 한 나라여서 알 수 있는데, 진은 어떤 나라일까요? 삼국시대의 또 하나의 유명한 전투와 함께 살펴봅시다.

── 조조에게 대승을 안겨 준 전투, 관도대전

후한 말기인 200년에 큰 세력을 잡고 있었던 원소와 조조가 관도(官渡, 현재의 허난성 중무현 근처)에서 벌인 큰 싸움을 말합니다. 이 전투는 적벽대전과 함께 삼국의 흐름을 크게 바꿔 놓은 역할을 했습니다. 안량이 조조의 공격으로 백마(허난성 화현)에서 크게 패하고 문추마저 죽음을 당하자, 원소는 10만 군사를 일으켜 관도까지 조조를 추격했습니다. 이 싸움이 지구전이 되면서 군량미가 넉넉지 않은 조조가 매우 불리했으나, 부패한 원소 측 장군인 허유와 장합이 투항하면서 조조의 승리로 끝났습니다. 관도 전투 이후 원소와 조조는 황허를 두고 1년간 대치했지만 원소의 건강이 나빠져 숨을 거둔 후 조조가 원소의 아들 원상과 조카 원담 사이에 내분을 일으켜서 원소 진영을 완전히 무너뜨렸습니다.

── 삼국을 통일한 국가, 서진(西晉)

삼국 중 가장 먼저 멸망한 나라는 유비가 세운 촉한입니다. 촉한은 조조의 아들인 조비가 세운 위나라에 멸망당했습니다. 그러나 삼국의 천하를 통일한 것은 위나라가 아니라 위나라를 멸망시킨 진나라입니다. 진나라를 세운 사람은 위나라 중신으로, 제갈공명의 북벌을 막아 낸 사마의(사마중달)의 손자인 사마염이지요. 그는 265년 위나라 5번째 황제인 조환에게 선양을 받아 진나라를 세웠습니다. 그리고 마침내 삼국 중 마지막으로 남아 있던 손권의 오나라를 280년에 멸망시키고 천하를 통일했습니다. 그러나 사마염은 사치와 향락에 빠졌고 지방에서는 독립적인 군사를 거느린 제후들이 '팔왕의 난'을 일으켜 16년간 세력 경쟁을 했습니다. 그러다가 유목 민족을 끌어들여 대거 중국으로 들어오게 되었습니다. 특히 흉노족 유연이 한을 세우더니 진나라 제2대 황제 때 '영가의 난'을 일으켜 회제를 잡아 죽이고 진나라 수도 뤄양을 함락시켰습니다. 결국 진나라는 316년, 건국 52년 만에 멸망했습니다. 이때 마침 지방의 건업에 있던 황실 일족인 사마예가 호족들의 추대를 받아 강남에서 317년에 동진을 세웠습니다. 이에 화북에 있던 진은 서진으로 불리게 되었습니다.

—— 중국인들이 사랑한 소설, 4대 기서

명나라 때 완성된 4대 기서에는 『삼국지연의』와 『수호지』, 『서유기』, 『금병매』가 있습니다. 『수호지』는 시내암이 원나라 때 쓴 소설로, 역사적 사실과 민간에서 유행한 희곡과 구어체 소설을 모아 완성했습니다. 양산박에 모인 108명의 영웅호걸이 부패한 관료들과 맞서 싸우는 흥미진진한 이야기에서 신분 제도와 봉건적인 통치가 지닌 모순이 담겨 있습니다.

『서유기』는 명나라 때 오승은이 지은 신화 소설입니다. 당나라의 고승 현장법사가 서역을 다녀온 이야기를 모아서 손오공을 중심이 되어 활약하는 박진감 넘치는 이야기를 만들었습니다. 마지막으로 『금병매』는 문인 소소생이 지었다고 전해지는 장편 애정 소설입니다. 생약을 파는 상점을 경영하는 서문경이 반금련과 이병아를 첩으로 얻는 과정에서 저지르는 추악한 패륜 행각 속에 명대 사회의 부패상과 밑바닥 서민 생활이 잘 나타나 있습니다.

중세 가톨릭교가 지배한 시대를 들여다보는 순례 여행기

알리기에리 단테의 『신곡』 중 지옥편

(1321)

인문학을 공부하는 사람이라면 반드시 읽어야 할 중세 최고의 명작이 있습니다. 그것이 이탈리아 사람인 알리기에리 단테(Alighieri Dante, 1265~1321)가 쓴 『신곡(La Divina Commedia)』입니다. 호메로스의 『일리아스』처럼 『신곡』은 제목 그대로 시로 표현된 곡(曲, canto)으로 이루어진 작품입니다. 곡 하나가 136~151행으로 이루어졌는데, 이러한 곡이 모두 100곡이나 됩니다. 당시 이탈리아에서 창작되는 시는 보통 한 행이 이탈리아어 11음절로 되어 있었습니다. 그런

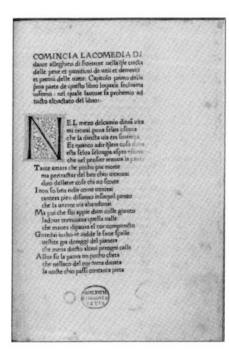

1472년에 출판된 『신곡』의 초판 표제 페이지

데 『신곡』은 11음절의 시행이 총 1만 4,233개나 되니 정말 입이 다물어지지 않을 정도로 대작품이라고 할 수 있습니다.

단테, 험난한 시대의 희생양이 되다

✳

단테가 살았던 시대는 13세기에서 14세기입니다. 당시 이탈리아는 여러 도시 국가로 나뉘어 있었습니다. 특히 베네치아, 밀라노, 피렌체 등의 도시 국가는 십자군 원정 때 상인들이 동방으로 진출해 동방 무역으로 막대한 부를 쌓았습니다. 단테는 1300년에 부유한 도시 국가 피렌체를 다스리는 6명의 최고 정무위원 중 한 사람으로 뽑혔습니다.

<단테의 초상화>
1495년, 산드로 보티첼리

그렇다면 13세기에 서유럽의 모습은 어떠했을까요? 인노켄티우스 3세는 "교황은 해, 황제는 달"이라는 말을 했습니다. 여기서 황제는 신성로마제국의 황제를 말합니다. 한마디로 13세기 서유럽에서는 교황의 권위가 신성로마제국의 황제보다 더 높았다는 뜻입니다.

그럼 신성로마제국은 어떤 나라일까요? 962년에 독일의 오토 1세는 유목 민족인 마자르족의 침입을 막아 내어 유럽을 이민족의 침입에서 구하고, 크리스트교 세계를 지켜 냈습니다. 또 로마까지 달려가 교황을 위협하는 이탈리아 귀족도 물리쳐 줬지요. 이에 깊이 감격한 교황 요한 12세는 그에게 신성로마제국 황제의 관을 수여합니다. 그 렇게 해서 독일의 국왕을 신성로마제국의 황제라고 부르게 된 것입 니다. 하지만 교황이 주도적으로 일으킨 십자군 전쟁이 200여 년 만 에 실패로 끝나 버려 교황의 권위가 추락하기 시작합니다. 이런 가운 데 유럽 각국은 교황파와 황제파(신성로마제국 황제를 지지하는 파)로 나뉘어 정치적 갈등이 더욱 심해졌습니다.

『신곡』의 작가 단테도 그 싸움에 휘말리고 맙니다. 단테의 고향 피 렌체 공화국도 교황을 지지하는 당과 황제를 지지하는 당으로 나뉘 어 치열한 정치 다툼을 벌이고 있었습니다. 1250년 시민, 상공업자 가 지지하는 교황당은 토착 귀족이 지지하는 황제당을 무너트리고 정권을 장악했습니다.

하지만 정권 장악 후에 교황당은 다시 흑당과 백당으로 분열했습 니다. 흑당은 귀족 세력을 유지하면서 교황과 더욱 밀착하려는 당이 고 백당은 피렌체의 자치권을 유지하면서 교황의 영향력을 줄이려 는 당이었습니다. 단테는 백당으로 활발한 정치 활동을 하고 있었습 니다.

그런데 교황이 피렌체 공화국의 백당을 몰아내기 위해 흑당과 손 을 잡고 프랑스 군대를 불러들입니다. 1301년, 백당이던 단테는 교 황과 담판을 짓기 위해 사절단의 일원으로 로마로 향했습니다. 교황 은 군사를 돌리라는 백당 사절단의 요청을 거부했을 뿐만 아니라 단테를 로마에 붙잡아 두었습니다.

　그동안 단테가 떠난 피렌체에서 교황을 지지하는 흑당이 쿠데타를 일으켜 6명의 최고 정무위원을 모두 흑당으로 바꾸어 버리는 일이 일어납니다. 급기야 1302년 1월 27일, 흑당은 단테 없이 재판을 열고 단테에게 뇌물을 받았다는 등 혐의를 씌워, 2년 동안 추방하고 엄청난 금액의 벌금형까지 내렸습니다. 그뿐만이 아니라, 공직 자격을 영구히 박탈한다는 칙령까지 발표했습니다. 단테는 도저히 기일 내에 엄청난 벌금을 낼 수가 없었어요. 그러자 영구 추방령과 함께 만약 피렌체로 돌아올 경우 화형에 처한다는 선고가 내려졌습니다.

　단테는 당시 심정을 신곡 첫머리에 써놓았습니다. 인생 여정의 중간에 올바른 길을 잃고 캄캄한 숲(una selva oscura)에 갇혔다고 적었지요. 단테는 안타깝게도 그가 눈을 감을 때까지 다시는 고향으로 돌아오지 못했습니다.

헬레니즘과 헤브라이즘이 곳곳에 흐르는 역작, 『신곡』

　『신곡』에는 13~14세기 중세 서유럽을 지배한 헬레니즘과 헤브라이즘이 곳곳에 흐르고 있습니다. 여기에서 헬레니즘이란 무엇일까요? 헬레니즘은 고대 그리스인을 의미하는 '헬렌(Hellen)'이라는 그리스어에서 유래했습니다. 단어 그대로 해석하면 '그리스인과 같은 문화'를 말합니다.

헬레니즘은 마케도니아 왕국의 알렉산드로스 대왕이 행한 동방원정에서 탄생되었습니다. 그는 정복한 곳마다 그리스인을 이주시키고 그리스 문화를 널리 전파시키기 위해 노력했는데, 그 과정에서 그리스 고유 문화와 이집트, 서아시아, 인도 등의 동방 문화가 융합되었습니다.

단테의 『신곡』에서 헬레니즘을 상징하는 인물은 이 작품의 화자인 단테를 지옥, 연옥, 천국으로 인도하는 고대 로마의 시인 베르길리우스입니다. 그는 단테가 가장 존경하는 시인으로, 서사시 『아이네이스』를 지었습니다.

그렇다면 헤브라이즘은 무엇일까요? 헤브라이즘은 서유럽 중세 사회를 지배하던 크리스트교 사상을 말합니다. 한마디로 서유럽 중세의 시대적 조류였지요. 헤브라이즘이라고 부르는 이유는 고대 서아시아의 가나안 땅에 살던 헤브라이인이 믿던 종교와 정신, 사상을 크리스트교가 계승했기 때문입니다.

단테도 성 프란체스코 수도회 계통의 학교에서 라틴어와 철학을 공부했고, 로마 가톨릭이 국교인 피렌체 공화국의 최고 정무위원을 역임했지요. 그 때문에 단테의 머리에서 발끝까지 관통하는 사상은 바로 헤브라이즘이었습니다. 그런 의미로 『신곡』에서 표현된 지옥, 연옥, 천국으로의 여행은 바로 헤브라이즘이 넘실거리는 바다를 항해하는 것과 같답니다.

『신곡』에서 단테는 여행하는 동안 역사에 등장하는 사람들 600여

<단테와 신곡> 왼편에는 지옥의 입구, 뒤쪽에는 연옥의 7개의 테라스가 나타나 있다
1456년, 도메니코 디 미켈리노

명을 만납니다. 역사적인 교황, 국왕, 제후, 예술가 등 다양한 인물들을 만나고, 범죄자는 물론 단테의 어릴 적 친구들과 친척들도 만납니다. 그렇게 돌아다니다가 드디어 천국에 올라 여행을 마치는 마지막 날, 천국의 찬란히게 빛나는 영혼의 바다를 봅니다. 그것을 본 단테는 신앙심으로 가득차서 하느님에 대한 경이로움을 가슴에 간직한 채 지상으로 돌아옵니다. 이렇듯 방대한 여정을 그린 『신곡』의 내용을 모두 소개하는 것은 무리일 것입니다. 그래서 지옥, 연옥, 천국 중 가장 인기가 많은 '지옥' 부분을 탐험해 보겠습니다.

1300년, 부활절의 성(聖)금요일을 하루 앞둔 목요일 저녁, 잠이 든 단테가 문득 자신이 35세로 이미 인생의 반을 살았다는 걸 느꼈습니다. 그 순간 캄캄한 인생의 숲 속에서 길을 잃었다는 걸 깨닫지요. 혼란스러워하는 그의 앞에 갑자기 세 마리 야수가 길을 막습니다. 표범과 사자, 암늑대였습니다. 여기에서 표범은 육체의 욕망을 상징합니다. 사자는 교만을 상징하고, 암늑대는 탐욕을 나타내지요. 이 야수들을 만나 두려움에 떨고 있을 때, 단테가 멘토로 여기며 존경하던 고대 로마 제국의 시인 베르길리우스가 앞에 나타납니다. 베르길리우스는 단테에게 자신과 함께 영혼을 정화시킬 영적인 여행을 떠나자고 제안합니다.

단테는 제안을 받아들여 베르길리우스와 일주일 동안 여행을 떠납니다. 그렇게 단테는 지옥에서 3일, 연옥에서 3일을 보낸 후 베르길리우스와 작별하고 천국으로 향합니다. 천국에 오르기 전, 평생을 사랑했던 다정하고도 아름다운 여인 베아트리체를 만나게 됩니다. 베아트리체는 24세에 숨을 거두었는데, 단테가 56세에 세상을 떠나는 순간까지도 베아트리체를 그리워할 만큼 평생 동안 사랑한 존재이지요. 그래서 작품에서 목숨보다 더 사랑하는 여인을 천국과 가까이 있도록 배치한 것 같습니다.

제일 먼저 간 지옥은 어떤 곳이었을까요? 단테는 지옥을 지표면에서 시작해서 지구 가장 깊은 곳까지 거대한 원뿔 형태로 된 곳으로 그렸습니다. 그곳은 악과 증오가 넘실대고 코를 틀어막을 악취가 진동하는, 증기로 가득 찬 곳이었지요. 그럴 수밖에 없는 것이, 지옥에는 더러운 비와 열풍과 우박이 항상 쏟아져 내리기 때문입니다. 지옥 입구에 도착한 단테와 베르길리우스 눈앞에는 깨진 청동 지옥문이 나타났습니다. 그 이유는 지옥에 방문한 예수 그리스도를 악마들이 공격하자, 그리스도가 지옥의 문을 부숴 버렸기 때문입니다. 지옥의 문 위에는 이런 문구가 적혀 있었습니다.

"여기로 들어오는 자들이여, 희망을 버려라!"

이 말에 단테가 오싹해하는데, 갑자기 주위가 어두워지더니 무척이나 끔찍한 비명이 들려왔습니다. 두 사람은 드디어 땅속 깊숙이 자리한 깔때기 모양의 거대한 어둠의 바다에 도착한 것입니다. 지옥은 아홉 영역으로 되어 있는데, 나선형 모양의 계단처럼 생겨서 깊이 들어가면 들어갈수록 지옥에 있는 사람들의 고통이 더 커졌습니다.

첫 번째로, 제1계단을 도는 부분에는 태어나자마자 숨을 거둔 아기들과 예수 탄생 이전의 고대 그리스의 문학가와 철학자, 과학자들이 있었습니다. 호메로스를 비롯하여 소크라테스와 그의 제자인 플라톤, 기하학의 대가 유클리드, 천문학의 대가 프톨레마이오스가 모두 이곳에 있었지요. 이어 제2계단을 도는 곳에는 클레오파트라와 같은 육체적인 욕정에 빠진 자들이 쉴 새 없이 폭풍우에 휩쓸리는 벌을 받고 있었습니다. 제3계단을 도는 부분에는 식욕을 멈추지 못한 폭식과 폭음의 죄인들이 더러운 눈과 비를 맞으며 자신이 싼 배설물 위에 앉아 있었습니다. 케르베로스가 끊임없이 이들을 물어뜯고 있었습니다. 케르베로스는 지옥의 문을 지키는 개입니다. 머리는 세 개, 꼬리는 뱀, 목 주변에는 수많은 뱀들이 우글거리는 모습을 하고 있지요. 그곳을 지나 제4계단을 도는 곳에는 돈을 쓸 줄 모르는 인색한 자와, 반대로 펑펑 낭비한 자들이 자신들의 돈이 들어 있는 무거운 돈 주머니를 계속 돌리고 있었습니다. 제5계단을 도는 곳에는 분노가 많은 자들이 깊은 진흙 속에 빠져 허우적대며 벌을 받고 있었습니다. 그곳을 돌아 내려가면 지옥의 강 스틱스 강이 흐르고 지하의 신 디스의 성벽이 높게 둘러쳐 있었습니다.

끔찍한 곳들을 겨우겨우 지나 제6계단을 도는 곳에 이르니, 이단자들이 훨훨 타오르는 불에 화형을 당하고 있었습니다. 그들 중에는 영혼이 없어진다고 주장한 헬레니즘 시대의 철학자 에피쿠로스도 있었지요. 제7계단을 도는 곳에서는 폭력을 휘두르는 사람이나 자기 자신에게 폭력을 입힌 자살자 혹은 신성 모독을 한 자들이 무시무시한 벌을 받고 있었습니다. 제8계단을 도는 곳에는 악의 구렁이 열 개 있는데, 남을 등치고 속인 자, 사기를 저지른 자, 피렌체에서 그를 모함에 빠트리며 위선을 부렸던 자들, 아첨을 한 자 등이 펄펄 끓는 기름 가마 속을 떠다니는 끔찍한 고통을 겪었습니다. 제8계단과 마지막인 제9계단 사이에는 아주 깊고 큰 우물이 있는데, 이 우물 둘레에 있는 쇠사슬로 거인들의 몸을 묶어 무거운 벌을 주고 있었습니다. 단테와 베르길리우스는 그중 한 거인의 도움을 받아 마침내 제9계단을 도는 곳에 도착했습니다. 이곳에는 국가와 가족, 스승과 부모 등의 은혜를 배반한 자들이 차디찬 얼음 속에 갇혀 고통을 당했습니다.

이처럼 단테가 상상한 지옥의 모습을 보면 당대 윤리와 예술, 역사, 지식, 철학을 단테가 어떻게 바라보았는지를 알 수 있습니다.

배신과 부패,
단테가 꼽은 시대의 문제들
✦

〈지옥편〉을 읽다 보면 치밀한 구성, 폭발적으로 쏟아지는 상상력, 사실적인 묘사 덕분에 단테가 마치 지옥을 실제로 목격하고 나서 쓴 것 같은 착각을 일으킵니다. 그중 최고의 장면을 고른다면 단테가 제8계단을 도는 곳에서 뜻밖의 인물과 마주치는 장면일 것입니다.

단테는 지옥에서 놀랍게도 교황 니콜라오 3세를 만납니다. 예수 그리스도의 첫 번째 제자인 성 베드로를 계승한 사람들이 교황인데 그 교황이 지옥에 와 있는 겁니다. 이미 몸통 전체가 악의 수렁에 거꾸로 처박혀 있고, 밖으로 나와 있는 것은 불이 붙은 발뿐이어서 교황은 단테가 누구인지 알아보지도 못합니다. 교황 니콜라오 3세는 단테를 보니파키우스 8세라고 생각하고 대화를 나눕니다. 이제 새로

<지옥도> 1480년~1490년, 산드로 보티첼리

<지옥, 칸토XVIII> 단테와 베르길리우스가 제8계단을 방문한다
1480년대, 산드로 보티첼리

운 교황이 왔으니 자신은 이미 다른 교황이 처박혀 있는 더 깊은 수령 속으로 내려갈 거라고 생각한 것이지요. 보니파키우스 8세는 피렌체 공화국으로 군대를 끌어들이고 단테를 로마에 붙잡아 두었던 교황입니다. 그에 대한 원한이 컸던 단테는 보니파키우스 8세 교황도 지옥으로 오게 될 거라고 자신의 작품을 통해 분명히 밝히고 있습니다. 제8계단에서 세상에서 제일 존엄하고 신적인 존재라고 여기는 교황들이 사실 얼마나 부패했는지를 단테가 적나라하게 비판한 부분입니다.

단테 스스로 〈지옥편〉에서 최고로 손꼽는 장면은, 지구 제일 깊숙한 곳까지 내려가서 목격한 장면입니다. 그곳에는 루시퍼가 날개를 퍼덕이며 영원히 빠져나오지 못하는 얼음 속에 갇힌 세 사람의 머리통을 게걸스럽게 갉아먹고 있었습니다.

루시퍼는 천국에서 떨어진 타락천사로 악마 중의 악마를 상징합니다. 차마 쳐다보기 힘들 정도로 흉한 루시퍼의 일그러진 뺨 위로는 피가 줄줄 흐르고 있었지요. 루시퍼가 세 사람의 머리통을 계속 갉아먹어도, 이들의 머리통에는 또 새살이 돋기 때문에 끔찍한 고통은 영원히 계속됩니다. 그 고통을 낭하는 세 사람은 누구일까요? 그들은 카시우스(Cassius), 브루투스(Brutus), 유다(Judas)입니다. 유다는 예수 그리스도를 돈 몇 푼에 눈이 어두워 팔아 버린 배신자입니다. 카시우스와 브루투스는 누구일까요? 고대 로마의 독재가 카이사르를 암살한 사람들입니다. 두 사람 모두 카이사르가 아니었다면 결코 그 자리에 오를 수 없었던 사람들이니 은혜를 원수로 갚은 대표적인 배신자들이지요.

이외에도 영국의 헨리 왕자를 꼬여 내어 아버지 헨리 2세를 배신하도록 했던 영국의 베르트랑이 자신의 잘린 목을 들고 어슬렁거리

귀스타프 도레가 그린 신곡의 루시퍼 삽화 1861~1868년

며 돌아다니는 장면도 있습니다. 베르트랑은 실제로는 헨리 2세의 사면을 받아 수도사로 살다가 죽었지요. 그런데 단테는 배신을 부추긴 베르트랑을 용서할 수 없어 이런 무서운 형벌을 받는 걸로 묘사한 것입니다.

이탈리아 문학을 크게 발전시킨 『신곡』

단테의 『신곡』은 1308년 이전에 쓰이기 시작해서 단테가 눈을 감기 바로 직전인 1321년에 완성된 작품입니다. 단테는 이 작품에 조국으로 돌아갈 수 없는 자신의 정치 인생에 대한 울분과, 피렌체 공화정에 대한 통렬한 비판 의식을 담았습니다. 지옥에서 고통받는 사람들 중에는 무능하고 부패한 교황으로 이름 높은 니콜라오 3세, 보니파키우스 8세, 요한 22세, 클레멘스 5세 등이 있고, 자신에게 사형 선고를 내린 정적도 빠짐없이 지옥을 헤매게 만들었지요. 이것은 글을 쓰는 문학가만의 특권이기도 합니다. 또한 민중의 지탄을 받으며 배신을 했던 역사 속 정치가들도 지옥에 갇혀 고통을 당하도록 만들었습니다.

『신곡』이 발표된 후 단테에 대한 찬사가 쏟아졌습니다. 단테가 56세에 북부 이탈리아의 라벤나 성에서 눈을 감았을 때, 당시 유럽을 대표한 최고의 비평가와 문학가들이 모여 성대한 장례식을 치루고 그의 죽음을 애도했습니다. 그가 세상을 떠나고 700여 년이 흐른 지금까지도 단테를 향한 세계의 독자와 문필가들의 극찬이 끊이지 않고 있습니다. '이탈리아 문학의 아버지', '불후의 명작', '모든 문학의 절정', '서양 문화에 대한 총체적 백과사전', '인류 문학사상 불후의 금자탑' 등등 단테에 붙는 엄청난 수식어들만 봐도 알 수 있지요.

하지만 물론 단테가 중세 사람이었기 때문에, 내용 중 일부가 크리스트교 중심이었던 중세인의 사고에 머물러 있다는 한계점도 있습니다. 예를 들면, 크리스트교가 아닌 이슬람교를 창시한 무함마드는 지옥에서 고통받을 것이라고 묘사한 부분에서 그런 점이 드러납니다. 또 소크라테스나 플라톤과 같은 예수 이전의 고대 철학가들이 지옥에 있는 부분에서, 다신교를 믿었던 고대 그리스 사람들에 대한 편향적 시각이 나타납니다.

<천국, 칸토III> 단테와 베아트리체가 시칠리아의 피카르다, 콘스탄스와 대화하는 그림이다. 1817년~1827년 사이, 필리프 바이트

『신곡』의 원래 제목은 『희극(Commedia)』입니다. 단테가 말하기를, 희극은 어떤 추한 것에서 시작되어도 행복한 결말을 맺게 된다고 합니다. 마치 지옥에서 시작된 여정이 연옥을 거쳐 천국에서 끝나듯이 말입니다. 그런데 제목이 『신곡』이 된 것은 『데카메론』의 저자로 유명한 보카치오가 단테의 생애를 쓰면서 이 작품에 대해 'Divina(성스러운)'이라는 경의를 표하면서 시작되었습니다. 1555년, 로도비코 돌체라는 출판업자가 그의 코멘트에 착안해서 단테의 책을 새로 발행할 때 원래 제목인 『희극(Commedia)』에, 성스럽다는 뜻의 'Divina'를 붙여 『성스러운 희극(La Divina commedia)』이라고 한 것입니다. 우리나라에서는 일본 사람의 번역을 그대로 사용해 『신곡』이라고 부르게 되었습니다.

이처럼 극찬을 받은『신곡』은 서양의 정치, 문화, 사회, 역사, 예술을 총망라한 종합 백과사전과도 같습니다. 이 작품을 진정 이해하기 위해서는 많은 역사 공부가 필요합니다.『신곡』의 〈지옥편〉에서 어떤 사람이 벌을 받고 있다면, 그가 역사적으로 무슨 일을 했던 사람인지 알아야 왜 그러한 벌을 받고 있는지를 알 수 있으니까요.

『신곡』은 이탈리아 문학 발전에도 큰 영향을 끼쳤습니다. 이 작품을 쓴 언어가 당시 서유럽 중세 사회를 지배하는 상류층이 쓰는 라틴어가 아니라, 이탈리아 북부 지방 사람들이 사용하는 토스카나 방언이기 때문입니다. 그 덕분에 보통의 이탈리아 사람들에게 쉽게 널리 읽히면서 열렬한 반응을 불러일으킬 수 있었습니다.『신곡』의 성공은 이탈리아 문학의 성공 가능성을 만천하에 보여 준 것과 같았습니다. 어렵고 고리타분한 라틴어보다 이탈리아 고유 언어가 더 다양하고 이해하기 쉬운 표현으로 쓸 수 있다는 것을 알려 준 것입니다. 그렇기 때문에 이탈리아 문학을 크게 발전시킨『신곡』은 이탈리아 문학의 꽃이라고 평가됩니다.

또 하나 재미있는 요소로 작품 곳곳에 들어 있는 숫자의 숨은 뜻을 분석해 보는 것이 있습니다. 숫자들의 의미에는 헤브라이즘이 반영되어 있답니다. 단테의『신곡』에는 '3'이라는 숫자가 곳곳에 의도적으로 들어가 있습니다. 100편의 신곡도 서곡을 빼면 〈지옥편〉, 〈연옥편〉 그리고 〈천국편〉의 3부로 구성되어 있고, 각 3부는 다시 33곡의 서사시로 이루어졌습니다. 그뿐만이 아닙니다. '지옥', '연옥', '천국'은 각각 3의 제곱수인 9단계로 나뉘어 있습니다. 심지어

각 시의 운율 체계도 3운구법으로 되어 있지요. 도대체 단테는 왜 이렇게 '3'이라는 숫자를 좋아하는 것일까요?

그것은 숫자 3이 서유럽 중세 시대에 숭배된 '삼위일체'를 상징하기 때문입니다. '삼위일체'란, 하느님인 성부와 그의 아들인 성자 예수 그리스도, 그리고 성스러운 성령의 세 가지가 모두 하느님 실체 안에 존재한다는 크리스트교의 가르침입니다.

『신곡』은 후대에도 엄청난 사랑과 찬양을 받았는데, 그 덕분에 예술가들의 창의적인 영감에도 많은 영향을 주었습니다. 대표적인 예로 세계적인 조각가 로댕(Auguste Rodin, 1840~1917)의 〈생각하는 사람〉이 있습니다. 로댕의 〈생각하는 사람〉은 단테가 신곡에서 창작한 '지옥의 문'에 앉아 있는 사람입니다. 근대 조각가인 로댕은 단테를 열렬히 좋아했다고 합니다. 그래서 자신이 의뢰받은 박물관 입구의 장식을 '지옥의 문' 조각으로 꾸민 것이지요. 단테가 『신곡』에서 글로 표현했던 지옥의 고통에 시달리는 인간의 군상을 로댕의 작품 덕분에 눈으로 볼 수 있게 된 것입니다. 창작은 또 다른 창작을 낳고, 그것이 곧 역사가 된다는 걸 보여 주는 작품입니다.

『신곡』에 등장하는 고대의 유명인들과
후대에 나타난 인곡 『데카메론』

단테를 진정 존경하고 그의 작품에 새로운 이름을 붙여 재탄생시킨 보카치오는 대학에서 처음 『신곡』을 강연했고 마지막도 피렌체 시의 요청으로 산토 스테파노 교회에서 『신곡』을 강의했습니다. 그 일정 중에 건강이 악화되어 생을 마쳤지요. 『신곡』의 직접적인 영향을 받은 것으로 평가되는 명작도 남겼답니다. 여기서는 『신곡』에서 지옥에 있었던 사람들은 누구인지, 그리고 보카치오의 명작 『데카메론』에 대해서 알아봅시다.

── 왜 지옥에 이 사람이? 고대 철학자, 소크라테스

아테네에서 태어난 소크라테스(Socrates, BC 470?~BC 399)는 고대 그리스를 대표하는 철학자입니다. 소크라테스는 시민의 광장 아고라에서 사람들에게 대화와 토론을 펼쳐 철학을 가르쳤지요. 이것을 '소크라테스 문답법'이라고 합니다. 그는 사람들 스스로 무지를 깨닫게 하여 진리에 한 걸음 더 다가갈 수 있도록 가르쳤습니다.

소크라테스를 따르는 젊은이들이 늘어나면서 소크라테스의 영향력이 커지자, 소크라테스는 궤변을 늘어놓는 철학자 '소피스트'로 몰려 사형을 선고받습니다. 소크라테스는 당시의 사형 법에 따라 독배를 마시고 숨을 거두었습니다. 하지만 그가 죽으며 말했다고 하는 "악법도 법이다"는 잘못 전해진 말입니다. 그가 마지막으로 남긴 말은 의술의 신 아스클레피오스에게 수탉을 잊지 말고 바치라는 말이었습니다. 또한 소크라테스의 말로 전해지는 "너 자신을 알라"도 델피 신전에 기록되어 있는 말입니다.

— 유클리드와 프톨레마이오스도 지옥에 있었다고?

유클리드(Euclid, BC 330?~BC 275?)와 프톨레마이오스(Ptolemaeos, 85?~165?)
는 헬레니즘 시대를 대표하는 수학자와 과학자입니다. 유클리드가 고대 그리스
의 수학을 정리해 편찬한 『기하학 원본』은 당시 지식을 계통적으로 잘 정리하여,
성서 다음으로 많이 읽힌 책으로 유명합니다.

프톨레마이오스는 2세기 중엽에 알렉산드리아에서 활동한 대표적인 지리학자이
자 천문학자로, 오늘날의 학교와 같은 뮤제온(museon)에서 천문학, 점성술, 지리
학 등을 배우고 연구했습니다. 140년경에 『천문학 집대성(MegalēSyntaxis tēs
Astoronomias)』이라는 책을 냈는데, 827년에 이슬람 제국의 아바스 왕조 사람
들이 이 책을 번역하면서 '가장 위대한 책'이라는 뜻의 『알마게스트(Almagest)』
라는 이름을 붙였지요. 이후 이 책을 통해 지구가 우주의 중심에 있고, 여러 행성
들이 지구를 중심으로 순차적으로 위치한다는 천동설이 알려졌습니다.

— 인곡(人曲)이라 불리는 보카치오의 『데카메론』

보카치오(Giovanni Boccaccio, 1313~1375)는 르네상스 시대를 대표하는 이탈리
아의 작가입니다. 그가 지은 대표적인 문학 작품은 1348년에 피렌체를 덮친 흑
사병을 소재로 한 소설 『데카메론』입니다. '데카'는 라틴어로 숫자 10을 가리키
고, '메론'은 '이야기'란 뜻으로, 데카메론을 풀이하면 '10일간의 이야기'란 뜻입
니다. 『데카메론』의 시작은 청년 3명과 숙녀 7명이 흑사병이 무섭게 퍼져 나가
는 피렌체를 탈출하는 데서 출발합니다. 그들은 피렌체 교외에 있는 별장에서 함
께 지내면서 무료함을 달래기 위해 서로 이야기보따리를 풀어놓기로 하는데, 그
들이 풀어놓은 이야기로 구성된 것이 『데카메론』입니다. 『데카메론』에는 10명의
주인공들이 10일 동안 한 100개의 이야기가 흥미진진하게 펼쳐져 있습니다. 이
소설로 보카치오는 '근대 소설의 선구자'라고 불립니다.

서양 중세 시대를 역동적이고
낭만적으로 그려 낸 대하소설

월터 스콧의 『아이반호』

(1819)

타임머신을 타고 서양 중세 시대로 간다면 우리는 무엇을 볼 수 있을까요? 아마 거리에서 말을 탄 기사들이 번쩍이는 기사복을 입고 커다란 창이나, 검을 차고 위풍당당하게 달리는 모습을 볼 수 있을 것입니다. 역사책에서만 본 서양 중세 시대를 역동적이고 낭만적인 이야기로 그려 낸 작품이 있습니다. 스코틀랜드가 자랑하는 대문호이자 역사 소설의 창시자 월터 스콧(Sir Walter Scott, 1771~1832) 경이 1819년에 발표한 『아이반호(Ivanhoe)』입니다.

『아이반호』에서는 딱딱한 교과서의 죽은 역사가 생명력을 얻어 살아 움직이고 있습니다. 도대체 어떤 역사적 사건이 등장하는지, 그 사건이 어떻게 소설 속 주인공과 연결되는지 지금부터 역사 소설의 걸작, 『아이반호』의 세계로 들어가 보겠습니다.

잉글랜드,
하루아침에 노르만 정복의 희생양이 되다

✦

『아이반호』는 서유럽 중세에 해당하는 12세기에 잉글랜드의 중서부 지방을 무대로 펼쳐지는 이야기를 담은 역사 소설입니다. 제목이 '아이반호'가 된 것은 소설의 주인공이 영국의 사자왕 리처드 1세의 충성스러운 기사단에 속한 아이반호이기 때문입니다. 원래 그의 이름은 윌프레드이고 아이반호는 왕에게서 하사받은 영지 이름입니다.

소설 『아이반호』를 이해하기 위해서는 먼저 1066년에 일어난 '노르만 정복(Norman Conquest)'이 어떤 사건인지를 알아야 합니다. 아이반호는 가문이 색슨족(Saxons)입니다. 색슨족은 게르만계 민족으로, 오늘날 독일 북부와 덴마크 지역에서 살다가 5세기경, 앵글족(Angles), 주트족(Jutes) 등과 함께 현재 영국에 속하는 브리튼 섬으로 건너와 7개 왕국을 세웠던 사람들입니다.

7개 왕국은 9세기경 통합되어 앵글로·색슨 왕국을 이룬 후 독립적으로 잉글랜드를 통치했습니다. 그런데 현재 프랑스 북부에 있던 노르망디 공국의 윌리엄 공작이 도버 해협을 건너와 1066년 헤이스팅스 전투에서 대승리를 거두어 잉글랜드를 차지해 버립니다. 아이반호 집안이 속한 색슨족은 하루아침에 노르만족이 세운 노르만 왕

1100년경에 만들어진 태피스트리. 헤이스팅스 전투에서 색슨족 보병들을 공격하는 노르만 기병들과 궁수들이 묘사되어 있다.

조의 지배를 받게 되었지요. 노르만의 정복으로 색슨족 귀족과 영주들은 거의 예외 없이 상속권을 박탈당하는 수모를 겪었습니다. 노르만 왕조는 몰수한 색슨 귀족들의 땅을 노르만족 봉건 영주와 기사들에게 나눠 주었습니다. 지배층이던 색슨족은 그 지위를 잃고 정복당한 백성의 일원으로 떨어졌습니다.

소설 『아이반호』에서 아이반호의 아버지인 세드릭은 색슨 왕조의 후예 로위나 공주와 명망 높은 색슨족 가문의 후계자 애설스탠을 결혼시켜 색슨족의 정체성을 지키고 색슨족 왕국의 부활을 꿈꿉니다. 그런데 아들 아이반호가 로위나 공주와 사랑에 빠지고 노르만 왕조에게 충성하자, 계획을 망친 아들에게 분노하여 그를 가문에서 쫓아내었습니다. 이러한 이야기 속에서 실제 역사에서 일어난 노르만족을 향한 색슨족의 불타는 적개심과 저항 의식을 엿볼 수 있습니다.

『아이반호』에는 숨은 주인공이 있습니다. 아이반호의 주군으로 제3차 십자군 전쟁에 참전했다가 행방불명된 것으로 알려진 사자왕 리처드 1세(1157~1199)입니다. 소설은 리처드 1세의 행방불명 이후 권력을 잡은 동생, 존 왕자와 추종자들에 의해 억압받는 백성들이 리처드 1세가 돌아오기를 간절히 소망하는 무렵에서 시작합니다.

그렇다면 리차드 1세가 참전한 십자군 전쟁은 왜 일어났을까요? 십자군 전쟁(1096~1272)은 이슬람 국가인 셀주크 튀르크가 성지 예루살렘을 차지하자 비잔티움 제국이 로마 교황 우르바누스 2세에게 도움을 요청했습니다. 이에 우르바누스 2세가 1095년 열린 클레르몽 공의회에서 성지를 되찾기 위해 성전을 치를 것을 호소하면서 십자군 전쟁이 시작되었습니다. 그 후 200여 년 동안 전쟁을 치렀지만 십자군 전쟁은 제1차 때만 예루살렘을 되찾았을 뿐입니다. 이슬람 측은 다시 예루살렘을 빼앗았고 제2차 십자군이 출병하였으나 탈환에 실패했습니다. 이후 이슬람군과 밀고 밀리는 공방전을 계속하다 십자군 전쟁은 실패로 끝이 납니다.

이 전쟁을 십자군 전쟁이라고 부르는 것은 진군하는 군사들의 깃발, 가슴, 검, 투구, 방패 등에 십자가 문양을 넣었기 때문입니다. 리처드 1세는 1190년 제3차 십자군에 출정했습니다. 그 외에 제3차 십자군의 대표적인 지도자로는 프랑스 왕 필리프 2세(1165~1223), 신성로마황제 프리드리히 1세(1122~1190)가 있습니다. 리처드 1세는 '사자왕'으로 불렸듯이 군주 중에서도 매우 용감하고 싸움을 잘했

<예루살렘으로 향하는 사자왕 리처드> 1850년경, 제임스 윌리엄 글래스

습니다. 하지만 제3차 십자군에서 그와 맞붙은 이슬람군의 지도자는 이슬람 영웅으로 이름을 남긴 살라딘입니다. 살라딘은 아이유브 왕조를 창시하면서 이집트·시리아·예멘·팔레스타인을 다스렸습니다. 제3차 십자군에서 리처드 1세를 지켜본 적이 있는 살라딘의 측근은 리처드 1세에 대해 이렇게 기록했습니다.

"영국 국왕은 대담하고 힘이 장사이며 인정사정없는 열혈전사다."

그 말 그대로 리처드 1세는 전장에서 누구보다 용감하게 싸워 맹활약을 펼쳤고 그때마다 많은 이슬람군 희생자가 나왔습니다. 그럼에도 불구하고 제3차 십자군은 예루살렘을 되찾는 데 실패했고 결국 살라딘과 휴전 협정을 맺었습니다. 이슬람 측이 예루살렘 순례의 안전을 보장하는 조건으로 예루살렘을 살라딘에게 넘겨주고 철군했습

<기사 아이반호>
19세기, 요하네스 게르츠

니다. 그러나 리처드왕은 귀국 길에 행방불명이 되었고 그 틈을 타 동생 존 왕자가 정권을 차지할 야심으로 여러 일을 꾸밉니다. 소설 『아이반호』의 배경은 이렇게 리처드 1세가 사라진 시기에 일어난 일들을 실제 역사 속 색슨족이 노르만 왕조 지배에서 벗어나 독립하려는 열망과 연결해 진행됩니다.

또한 이 책은 로맨스 소설이기도 합니다. 아이반호가 아버지의 단호한 반대로 가문에 추방을 당하면서도 색슨족 로위나 공주를 지극히 사랑하는 이야기와, 아이반호가 중상을 입었을 때 그를 치료한 유대인 상인의 딸 레베카의 흠모하는 마음 등을 감동적으로 담아냅니다.

이제 목숨을 아끼지 않고 정의를 위해 행동하는 아이반호의 활약과 절절한 사랑을 그려 내는 역사 소설의 명작, 『아이반호』의 이야기 속으로 들어가 보겠습니다.

윌프레드 아이반호(Wilfred of Ivanhoe)는 노르만 왕조에게 정복당한 색슨족 중에서도 매우 유력한 가문의 청년 귀족입니다. 그의 아버지 로더우드의 세드릭(Cedric of Rotherwood)은 색슨족 국가인 웨식스 왕국의 국왕 알프레드의 직계 후손인 로위나 공주의 후견인이었습니다. 세드릭은 로위나 공주를 유서 깊은 색슨족 가문인 코닝즈보로 가문의 후예 애설스탠과 결혼시켜 색슨족을 다시 일으킬 계획이었습니다. 그런데 아들 아이반호가 로위나 공주와 사랑에 빠진데다가 색슨족의 전통을 버리고 노르만 왕 리처드 1세를 지지하자 아이반호를 가문에서 추방해 버립니다.

아이반호는 사자왕 리처드 1세(이후 리처드 왕)의 충성스러운 기사로 제3차 십자군 전쟁에 참전했다가 초라한 순례자의 모습으로 돌아옵니다. 순례자 행새의 아이반호는 유대인 고리대금업자 아이작이 템플 기사단인 노르만 기사 브리앙 드 부아길베르 일행에게 폭력과 협박 등 괴롭힘을 당하자 충직한 일꾼인 돼지치기 거스의 협력으로 이이작이 탈출하게끔 도와줍니다. 이 인연으로 아이반호는 아름답고 의술이 뛰어난 아이작의 딸 레베카와 만나게 되지요.

한편 리처드 1세가 십자군 원정을 끝내고 돌아오던 중 행방을 알 수 없게 되자 동생 존 왕자는 왕위를 노립니다. 존 왕자의 심복으로 갖은 악행을 하는 자들은 아이작을 괴롭히던 브리앙 드 부아길베르을 비롯한 노르만 기사들입니다. 리처드 1세는 귀국 길에 오스트리아의 레오폴트 공작에게 사로잡혀 감금당한 채 몸값 지불을 요구당하고 있었습니다. 존 왕자는 이 사실을 알고 있으면서도 사람들이 모르게 하고 리처드 1세를 돌아오지 못하도록 몸값 지불을 방해하는 등 음모를 꾸몄습니다.

당시 영국은 왕이 전쟁에서 돌아오지 않은데다가 기사를 비롯한 귀족들은 백성들을 압박하고 도둑들이 날뛰어 민심이 불안했습니다. 존 왕자는 사람들의 관심을 다른 곳으로 돌리게 하려고 애쉬비 성에서 마상 경기를 열었습니다. 마상 경기장에는 아이반호의 아버지인 세드릭, 로위나 공주와 레베카, 아이반호에게 값비싼 기사복과 무기, 말을 빌려주는 아이작, 악인으로 그려지는 존 왕자와 기사단장으로 명석하고 싸움을 잘하는 브리앙 드 부아길베르를 비롯한 템플 기사단 기사들이 대거 등장합니다.

마상 경기 첫날, 존 왕자의 기사 부아길베르와 레지나르 프롱드 보우프가 연달아 승리를 거둡니다. 세드릭은 이들에 맞설 색슨족 기사가 없는 것에 낙담합니다. 이때 자칭 '버림받은 기사(The Disinherited Knight, 원뜻은 상속권 박탈자를 뜻함)'를 자처하는 익명의 기사, 아이반호가 나타나 이들을 모두 물리치고 최종 승리자가 됩니다. 존 왕자가 이름을 묻자 아이반호는 이름을 밝히기를 거절하며 우승자에게 주어지는 '아름다움과 사랑의 여왕'을 선정할 권리를 받아 사랑하는 로위나 공주에게 영예를 수여합니다.

둘째 날은 단체전이 펼쳐졌습니다. 50명의 기사가 '버림받은 기사(아이반호)'와 부아길베르를 지휘자로 두 팀으로 나뉘어 격전을 벌이다가 아이반호 편이 패배할 위기에 처합니다. 이때 흑기사로 변장한 리처드 왕이 나타나 탁월한 경기력으로 전세를 역전시키고 사라집니다. 이후 진행된 양궁 대회에서 색슨족 편이라는 '록슬리 (Locksley)'라는 이름의 로빈 후드가 등장해 뛰어난 활 솜씨로 색슨족에게 큰 기쁨을 안겨 줍니다. 그러나 아이반호는 경기에서 심한 중상을 입고 맙니다. 아이반호는 투구를 벗어 얼굴을 보이며 신분도 밝히지만 아버지 세드릭은 큰 부상 입은 아이반호를 외면하고 가버립니다. 다행히 레베카가 아이반호를 치료해 줍니다.

한편 리처드 왕의 귀환을 눈치 챈 존 왕자와 기사들은 리처드 왕의 지지자들을 한번에 제거하려는 계획을 짰습니다. 부상을 입은 아이반호와 그를 치료하는 레베카 부녀, 그리고 나중에 합류한 세드릭과 공주 로위나 등이 영지로 돌아가던 길에 템플 기사단이 나타나 이들을 토퀼스톤 성으로 끌고 간 것입니다. 돼지치기 거스와 광대 왐바를 통해 이들의 김금 소식을 알게 된 록슬리는 수도사 닥크를 포함한 색슨족 사람들과 함께 성을 공격합니다. 때맞춰 숲에서 나타난 흑기사가 활약하면서 격렬한 공성전 끝에 성이 함락되고 아이반호 일행은 구출될 수 있었습니다. 그 과정에서 성주 프롱드 보우프는 흑기사에게 일격을 당해 머리 부상을 입고 전투에서 일어난 화재로 숨을 거둡니다.

성이 함락되기 전에 존 왕자의 기사 부아길베르는 레베카를 사모해 그녀를 납치하여 템플 수도원으로 끌고 갑니다. 부아길베르가 레베카에게 사랑을 받아 주기를 강요했지만, 그녀가 거절하자 곧 레베카는 부아길베르의 사주를 받은 수도원장에 의해 이교도로 성전의 기사를 유혹하여 타락시켰다는 누명을 쓰고 마녀 재판을 받아 사형당할 위기에 처합니다.

당시에는 신의 심판(Trial by Combat, 결투 재판)이 인정되었기에 레베카는 함께 도망가자는 부아길베르의 제안을 물리치고 결투 재판을 요청합니다. 아이작을 통해 이 소식을 알게 된 아이반호는 아직 회복되지 않은 몸을 이끌고 레베카의 명예를 지키기 위해 달려옵니다. 아직 낫지 않은 상태에서 결투를 치르던 아이반호는 부아길베르의 창에 무참히 찔려 말에서 떨어지고 맙니다. 그러나 그때 부아길베르도 레베카에 대한 연정이 좌절된 충격을 이기지 못하고 말에서 떨어져 죽고 맙니다. 부아길베르가 죽으면서 레베카는 신의 뜻으로 무죄로 판명나 풀려나게 됩니다.

공성전 이후 리처드 왕은 권력을 되찾고, 존 왕자는 물러나게 됩니다. 리처드 왕은 세드릭에게 아들 아이반호를 용서해 주도록 당부하고 세드릭은 이를 받아들여 리처드 왕에게 충성을 맹세합니다. 리처드 왕은 아이반호와 로위나가 결혼할 수 있도록 합니다. 아이반호를 사랑하는 레베카는 두 사람의 행복을 빌며 아버지 아이작과 함께 그라나다로 떠납니다.

『아이반호』는 애틋한 사랑과 박진감 넘치는 스토리로 독자의 마음을 사로잡습니다. 그중 손에 땀을 쥐게 하는 장면은 마상 경기 둘째 날 아이반호가 목숨이 위태로울 만큼 큰 부상을 입고, 흑기사가 나타나게 되는 장면입니다. 아이반호는 단체 경기에서 템플 기사단 최고의 기사 부아길베르와 겨루다 창을 맞게 됩니다. 아이반호는 갑옷 속에 피를 흘리며 말에서 떨어지게 됩니다. 탄식하는 관중들이 지켜보는 가운데 아이반호는 죽음의 위기를 맞지요.

'버림받은 기사'의 모습을 한 채 용기 있게 대결장을 승리의 함성으로 만들었던 그이지만 힘이 모두 다하여 지치고 맙니다. 안장에서 비틀거리던 아이반호는 그만 창을 놓치면서 말 위에서 균형을 잃고 땅에 떨어집니다. 이를 지켜보는 관중들이 우려하면서 탄식 소리가 여기저기에서 흘러나왔습니다. 그때였습니다. 흑기사가 갑자기 나타나 위기의 상황을 역전시켰습니다.

흑기사는 기사를 수호해 주는 성인 '성 게오르기스'를 외치며 전속력으로 말을 달려 나갔습니다. 어떤 어려움도 헤쳐 나가겠다는 단호한 의지를 보여 주며 무서운 기세로 말을 몰면서 순식간에 전세를 역전시켰습니다. 이를 지켜보는 관중늘은 벅찬 기쁨을 느끼며 열렬한 환호와 갈채를 보냈습니다.

흑기사는 평상시에는 군중들 속에 숨어 있다가 어려운 일이 닥치면 혜성같이 나타나 문제를 해결해 주면서 색슨족에게는 압제에서 풀려난 것과 같은 감동을 선사합니다. 소설에서 리처드 1세는 정의로운 군주로 그려지며, 그가 전면에 나서는 순간에 이야기의 흐름은 크게 바뀝니다. 작가 월터 스콧 경은 리처드 1세를 이상적인 군주로 소설 속에서 높이 평가하였습니다.

소설 후반부에 나오는 레베카의 재판 장면에서는 중세 사회 분위기와 당대의 종교적 편견, 유대인에 대한 차별을 알아볼 수 있습니다. 레베카는 부아길베르가 결투 중에 극도의 긴장과 흥분 상태에서 심장이 멎어 죽게 되면서 신의 뜻에 의해 결백하다는 판결을 받고 풀려납니다. 유대인인 레베카를 강인한 의지와 도덕성을 가진 인물로 그려 내며 월터 스콧은 유대인에 대한 중세 사회의 잘못된 관행에 경종을 울립니다. 다친 와중에도 목숨을 아끼지 않고 결투장으로 달려온 아이반호의 모습에서는 정의와 용기가 끝내 승리한다는 것을 전해 줍니다. 소설이 나오고 월터 스콧은 한동안 아이반호와 레베카의 사랑을 이어 주지 않았다는 것 때문에 독자들의 맹렬한 항의를 받았다고 합니다. 역사 소설임에도 『아이반호』가 얼마나 인물의 감정을 깊이 있게 그려 내어 몰입감을 선사했는지를 알 수 있는 대목입니다.

실제 역사로 찾아본
『아이반호』 속 진실과 거짓

✳

『아이반호』의 가장 중요한 주제 중 하나는 노르만 정복에 대한 색슨인의 꺾이지 않는 저항과 용기 있는 투쟁입니다. 소설 속 악인들을 응징하고 모든 갈등을 해결하면서 '정의는 강물처럼 승리한다'는 것을 보여 줍니다.

색슨족이 노르만인의 지배에 저항하는 것은 역사적 진실과 다르지 않습니다. 그러나 리처드 왕을 이상적인 군주로 그려 낸 것은 역사로 볼 때 사실이 아닙니다. 소설 속 흑기사처럼 리처드 1세가 싸움에 능란한 점은 제3차 십자군 원정 때의 기록에도 나와 있는 부분입니다. 하지만 소설에서 리처드 1세는 더할 나위 없이 매력적인 인물로 나오지만, 실제 리처드 1세는 군주로서 상당한 문제가 있는 인물이었습니다.

첫째, 그는 불명예스럽게 어머니 엘레오노르와 힘을 합쳐 아버지를 향해 칼을 겨누는 반란을 통해 왕에 올랐습니다. 둘째, 재위 기간 동안 현재 프랑스의 노르망디에 주로 있어서, 잉글랜드 왕국에 머무른 기간은 매우 짧았고 심지어 영어도 잘 못했습니다. 그는 국가 재정을 충실히 하고 백성의 생활을 안정시키는 데 별 관심이 없었습니다. 십자군 원정의 비용을 마련하고자 국고가 바닥나는데도 무리하게 아버지가 남긴 영지까지 팔아 치우며 전쟁 자금을 끌어 모았습니다.

셋째, 성격이 급하고 무책임하며 잔혹할 뿐 아니라 자비심이 없었습니다. 제3차 십자군 전투에서 그는 2천 700여 명에 달하는 이슬람군과 300여 명의 어린이와 부녀자를 살상했습니다. 넷째, 십자군 원정 후 귀국하는 과정에서 리처드 1세가 억류되었다 풀려나게 되었는데, 이 과정에 막대한 몸값을 치르면서 그 부담이 고스란히 백성들에게 돌아갔습니다.

리처드 1세 때 시행된 토지에 대한 과세 표준의 재정비, 세속적인 사업에 대한 징수와 도량형의 통일 등은 그가 아니라 전쟁 중에 국내 정치를 맡겼던 켄터베리 대주교 휴버트 월터의 치적입니다.

이뿐만이 아닙니다. 리처드 1세는 필요도 없는 토목 공사를 벌여 국민의 피를 말리기도 했습니다. 대표적인 사례가 장장 10년이 걸린 노르망디 지방의 샤또 가이야르 성 건설입니다. 그는 오랫동안 노르망디에 있었는데, 소설에 나온 대로 왕권을 회복하긴 했으나 왕권이 매우 약해진 상태여서 감금에서 풀려난 후 또 한 번 대관식을 거행했습니다. 1개월 후 다시 영국을 떠나 노르망디로 갔고 그 후 5년 동안 돌아오지 않다가 42세 때 금에 눈이 어두워 영지에서 황금이 나온 성을 강제로 차지하려고 부하인 영주에게 무리한 공격을 하다가 전투 와중에 석궁에 맞아 군대 막사에서 생을 마쳤습니다. 소설에서 부하를 사랑하여 목숨이 위태로운데도 달려가 도와주는 상황과는 정반대입니다.

또 색슨족 민중의 저항의 상징인 록슬리를 활을 잘 쏘는 의적 로빈 후드로 그려 12세기 상황에 넣었지만 사실 로빈 후드가 역사 기록에 나오는 것은 13세기이고, 중세 작가들은 그에 대한 전설을 14세기에 만들어 냈습니다.

반면 템플 기사단(Knights Templar, 1118~1312)은 성전 기사단이라고도 하며 실제로 순례자를 보호하기 위해 창설되었고 교황의 칙령으로 공식적인 지지를 받은 기사단입니다. 강력한 군사력과 금융업을 통해 경제력도 탄탄했고 유럽과 성지 전역에 약 1000여 개의 지부가 있었습니다. 소설에서 템플 기사단은 존 왕자의 기사로 나옵니다.

존 왕자는 리처드 1세가 죽은 후 왕위에 올라 존 왕(John King, 재위 1199~1216)이 되었습니다. 존 왕은 17년간 통치하면서 귀족(대영주와 봉건 귀족들)의 강권에 의해 대헌장(Magna Carta)에 서명하였고, 대헌장에 의해 법이 모든 신하와 백성은 물론, 왕에게도 적용된다는 원칙이 세워졌습니다. 대헌장은 단순히 중세의 귀족 권리를 보장한 문서라는 사실을 넘어, 법치주의와 민주주의 발전의 초석이 된 중요한 헌장이 되었습니다.

<템플 기사단> 1870년, 작자미상

중세에서 기사가 되려면 어떤 과정을 거칠까요? 처음에는 기사의 부하인 견습 기사가 되어 마상 경기 훈련과 전투 기술 연마, 무기 관리 및 실제 전투에 참여해 전투 기술을 익혔습니다. 21세 이후에는 기사 작위를 받는데 이때 기사 서임을 통해 충성과 용기, 약자 보호 및 독실한 신앙을 맹세했습니다.

『아이반호』에는 공성전이 나오는데, 소설의 공성전은 중세 시대의 실제 공성전과는 많이 다릅니다. 실제 공성전은 그 기간이 매우 길어 몇 개월에서 수년이 걸렸고 투석기 외에도 각종 공성 무기가 동원되었습니다. 장기간 성을 포위해 성 안의 사람들을 굶주리게 만드는 작전을 펼치기도 했습니다.

한편 레베카가 청한 '신의 심판(Ordeal by Combat)'은 실제로 중세에 있던 법적 관습입니다. 죄의 유무를 가리기 위해 결투를 벌였지요. 여성이나 성직자는 싸울 수 없고, 대신 싸워 줄 결투자를 지명할 수 있었습니다. 결투에서 승리하면 신의 뜻으로 간주되어 무죄가 입증되었습니다. 그런데 마녀 재판은 실제 시기와 맞지 않습니다. 마녀 재판은 훨씬 후대에 나타난 일이고 15세기 전까지는 마녀로 판명되면 화형이 아니라 교수형을 당했습니다. 또 크리스트교도인들이 이단일 때 마녀 재판에 회부된 것이지 이교도로 간주되는 유대인이 마녀 재판에 회부되지는 않았습니다.

역사적 오류는 또 있습니다. 소설에서 광대 왐바가 수도사로 변장한 후 "나는 성 프란치스코회의 가난한 형제입니다."라고 하는 대목이 있습니다. 성 프란치스코회는 13세기(1209년)에 이탈리아에서 설립되었습니다. 소설의 배경은 12세기이고 리처드 왕이 죽은 것은 1199년이니, 시기가 맞지 않습니다. 또 마지막 장에서 레베카 부녀는 통치자 '보압딜'이 있던 그라나다로 가서 사는 것으로 나오는데 서양 세계에서 보압딜로 알려진 무함마드 12세는 15세기에 생존한 인물입니다.

끝으로 마상 경기로 쓴 소설 속 원어는 토너먼트(Tournament)입니다. 중세 마상 경기의 전통이 내려와 현대 스포츠의 승자들이 다음 경기를 치르는 토너먼트 방식이 생겨났습니다.

월터 스콧, 스코틀랜드의 역사를
『아이반호』에 투영하다

✦

『아이반호』는 유서 깊은 영국의 출판사 펭귄북스가 세계 문학 비평가 100명의 추천작 '죽기 전에 꼭 읽어야 하는 책 1001권' 중 하나이자 옥스퍼드 대학교의 필독서로 선정된 명작입니다. 스코틀랜드의 역사 소설가이면서 시인인 대문호 월터 스콧은 소설 『아이반호』에서 영국에게 합병된 스코틀랜드의 역사를 투영해 영국 지배에 대한 스코틀랜드의 저항 의지와 지배당한 자의 비애와 분노를 널리 알렸습니다. 『아이반호』는 월터 스콧이 쓴 소설 중에서 가장 뜨거운 반응을 얻었는데, 이 소설에 열광한 스코틀랜드의 한 도시는 소설에 등장한 것을 기념해 거리, 학교, 공공건물 이름을 온통 아이반호의 등장인물을 따라 붙였습니다.

스코틀랜드인들에게 월터 스콧은 국민적인 영웅입니다. 영국 정부가 18세기 이후 반란을 계기로 법률로 정해 입지 못하게 한 스코틀랜드의 전통 복장 킬트를 대대적인 홍보와 이벤트로 부활시켰기 때문입니다. 또한 스코틀랜드 의회가 서민들이 많이 쓰는 5파운드 미만의 지폐를 발행하지 않으려 하자 유력 시사 주간지에 가명으로 이

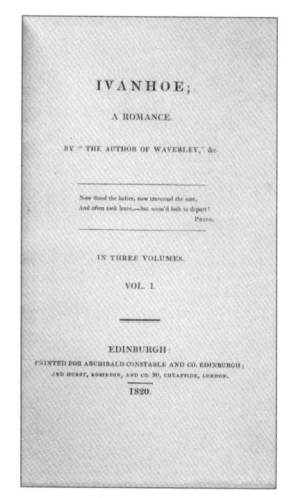

1820년에 나온 『아이반호』
초판 표제지

\<월터 스콧 경\>
1822년, 헨리 레이번

를 날카롭게 비판하는 글을 보내 여론을 일으켜 화폐를 계속 발행하게 만든 숨은 공로자이기도 합니다. 스코틀랜드의 수도 에든버러에는 높이가 무려 61.1m에 달하는 월터 스콧의 기념비가 자리를 빛내고 있습니다.

애국주의자인 그는 스코틀랜드가 영국에 합병되어 고유의 전통과 민족의식이 서서히 사라지는 것에 대해 뼈아픈 슬픔을 느꼈습니다. 그리고 그 마음을 담아낸 소설이 바로 노르만 정복에 대한 색슨족의 저항을 그린 『아이반호』입니다. 중세 시대 문서에는 그 어느 곳도 리처드 1세나 존 왕자를 '노르만인'이라고 쓰지 않았습니다. 색슨족과 노르만족을 합쳐 '잉글랜드'라고 표현했지요. 그런데 월터 스콧은 처음으로 색슨족의 입장에서 이들을 '노르만인'이라고 표현했습니다.

로빈 후드가 오늘날 전설적인 의적 '로빈 후드'로 알려져 다양한 매체에서 만나게 된 것도 월터 스콧의 힘입니다. 앞에서도 언급했듯이 로빈 후드의 이름은 13세기 문서에 나오고, 행적에 관해서는 14세기 중세 작가들이 만들어 낸 내용만 있었을 뿐입니다. 그런 로빈 후드를 월터 스콧이 노르만족에 당당히 맞서는 항쟁의 투사로 만들었지요. 이와 같은 로빈 후드의 캐릭터는 지금까지 영화 등 다양한 매체에서 나타나는데, 영화에서 로빈 후드가 쏘는 화살이 경쟁자의 화살을 갈라놓는 장면도 월터 스콧이 소설에서 묘사했던 모습이지요.

강한 정신력으로 소아마비라는 시련을 극복해낸 월터 스콧은 1814년 스코틀랜드 역사 소설 시리즈 『웨이벌리(Waverley)』로 대중의 인기를 얻기 시작했습니다. 에든버러의 기차역 이름인 '웨이벌리'는 이 시리즈에서 이름을 가져온 것입니다. 그는 주로 지배층의 풍족한 이야기를 쓰는 기존 작가들과 달리, 민중들의 이야기를 낭만적이고 따뜻한 시선으로 그려 냈습니다. 스코틀랜드에 전해지는 기사도 문학과 전설을 모으고, 골동품을 수집하며 알게 된 이야기들을 소설 속에 실감 나게 녹여냈습니다. 『아이반호』에도 색슨족의 전통과 영광, 예로부터 지켜 온 고유함이 잘 묻어나고 있습니다.

소설 『아이반호』에 대한 긍정적인 평가에 힘입어 월터 스콧은 큰 영광을 얻었습니다. 『아이반호』는 BBC에 의해 세계 100대 문학 작품에 올랐고, 낭만주의 시대를 걸어간 많은 문학인들에게 깊은 영향을 주었습니다. 발자크, 도스토예프스키, 플로베르, 톨스토이, 뒤마, 푸시킨이 그들이며, 동유럽의 민족주의 소설을 쓰는 작가들도 그의 영향을 많이 받았습니다. 페미니스트 운동의 선구자 시몬느 드 보부아르와 사회주의 창시자 칼 마르크스도 그의 작품을 즐겨 읽었다고 합니다. 소설 『레 미제라블』을 쓴 프랑스의 대문호 빅토르 위고는 그에 대해 이런 말을 남겼습니다.

"…그는 마법의 힘으로 현대 독자들에게 오늘날에는 경멸받는 옛날의 정신을 몇 시간이라도 되새기게 합니다. 마치 지혜롭고 재치 있는 조언자가 은혜를 모르는 자식들을 아버지에게로 돌아가라고 권하는 것과 같습니다."

스코틀랜드에는 오래된 철로에 이어 새 철로를 달리는 기차 '아이반호 라인'이 있습니다. 이처럼 스코틀랜드에는 오늘날에도 작가가 소설을 통해 전하려 했던 정의와 사랑의 메시지를 곳곳에서 만나 볼 수 있습니다.

노르만족과 색슨족의 오랜 갈등과 대립의 역사, 그 시작을 추적하다

월터 스콧 경의 역사 소설 『아이반호』에는 노르만인의 정복에 대한 색슨족의 저항을 흥미롭게 보여 줍니다. 1066년 일어난 윌리엄 1세의 정복을 '노르망디 정복'이라고 합니다. 그들은 영국 땅에 오기 전에 어디에서 어떻게 살았을까요? 또 정복 이후 색슨족은 왜 점점 노르만족에 대한 반감이 커졌을까요? 노르만족의 기원과 색슨족의 원한이 어디서부터 시작되었는지는 역사를 공부하지 않으면 알 수 없는 내용입니다. 원인을 알아야 병을 고치듯이 오랜 세월 계속된 노르만족과 색슨족의 갈등을 살펴보겠습니다.

─ 바이킹의 후예인 노르만족

바이킹은 유럽의 북부 스칸디나비아 반도에서 살면서 뛰어난 해상 능력을 가진 민족입니다. 이들을 북쪽에 사는 사람들(Northman)이라는 뜻으로 노르만족이라고 부르고 협곡(Vike)에 사는 사람들이라 하여 바이킹이라고도 불렸습니다.

바이킹은 9세기경부터 인구 증가와 식량 부족으로 날렵하고 빠른 속도를 내는 바이킹 배를 타고 아래로 내려와 유럽의 곳곳을 침입해 살상과 약탈을 했습니다. 당시 서유럽을 통치하던 프랑크 왕국은 분열되어 매우 힘이 약한 상태였기 때문에 바이킹족을 물리칠 수 없었습니다. 그러자 유럽 각 지역에서 유력한 사람들이 성을 쌓고 기사를 모아서 기사들에게 봉토를 주고 주종 관계를 맺어 군사적 서약과 충성을 맹세받은 다음 노르만족과 맞서 싸웠습니다. 이렇게 해서 서유럽에 지방 분권적인 봉건 제도가 나타나게 된 것입니다.

싸움을 잘하는 바이킹은 살기 좋은 유럽의 곳곳을 정복하거나 타협해 나라를 세웠습니다. 덴마크, 시칠리아, 러시아로 발전하는 노브고로드 공국이나 키이우 공국이 모두 바이킹이 세운 나라입니다. 특히 프랑스를 침입한 바이킹들은 프랑스와 협정을 맺어 프랑스 북부를 차지한 후 노르망디 공국을 세웠습니다.

── 노르만 정복 시대를 활짝 연 헤이스팅스 전투

1066년 10월 일어난 헤이스팅스 전투는 정복왕 윌리엄의 뛰어난 전술로 이루어
낸 승리입니다. 노르망디 공작 윌리엄(후의 윌리엄 1세)과 잉글랜드 왕 해럴드 2세
는 잉글랜드의 에드워드 참회왕이 1066년 후계자 없이 세상을 떠나자 왕위 다툼
을 벌였습니다. 먼저 웨식스 왕국의 해럴드 2세가 왕위를 차지하자 노르망디 공
국의 윌리엄 공작이 왕위 계승권을 주장하며 침공한 것입니다.

해럴드 2세는 급히 남쪽으로 이동해 헤이스팅스에서 방어 태세를 갖추었습니다.
해럴드 2세의 군사는 보병이 주력 부대였고 윌리엄의 군사는 많은 수의 기사들
이 이끄는 기병과 활을 쏘는 궁병으로 구성되었습니다. 잉글랜드군이 보병을 중
심으로 방어벽을 세워 윌리엄의 공격을 잘 막아 내자 윌리엄은 일부 부대가 후퇴
하는 것처럼 속이는 전술로 색슨족 군대를 유인해 방어벽을 무너뜨렸습니다. 이
때를 놓칠세라 기병과 궁병이 사방에서 일제히 총공격을 퍼부어 잉글랜드를 패
퇴시켰습니다. 일설에는 궁병과 기병의 협공 전투 중에 해럴드 2세가 눈에 화살
을 맞고 죽음을 맞이했다고 합니다. 헤이스팅스 전투는 노르만 정복의 빛나는 서
막이었습니다. 윌리엄의 헤이스팅스 전투 대승리로 앵글로·색슨족은 노르만족
정복의 암울한 시대를 살게 되었습니다.

── 둠즈데이 북과 '노르만의 멍에'

정복왕 윌리엄으로 불리는 윌리엄 1세는 잉글랜드를 정복한 다음 토지 대장인
'둠즈데이 북(Domesday Book)'을 만들어 통치 수단으로 삼았습니다. 이것은 전
국의 땅을 샅샅이 조사한 후 색슨 귀족들의 영지를 몰수해 노르만 기사와 귀족에
게 나누어 주기 위함이었습니다. 둠즈데이 북으로 토지 소유가 공식 문서로 만들
어져 토지를 되찾으려는 색슨인들의 희망이 사라졌습니다. 둠즈데이 북에는 토
지는 물론 황소 한 마리, 암소 한 마리, 돼지 한 마리까지 샅샅이 기록되어 있어

색슨족은 강제로 세금을 내야 했습니다.

둠즈데이 북은 노르만의 정복으로 이뤄진 봉건적 속박과 가혹한 세금을 상징하는 문서였기 때문에 '노르만의 멍에'라는 이름이 붙었습니다. 멍에는 농사지을 때 소에게 씌워 쟁기질을 시키는 농사 기구입니다. 그만큼 노르만족이 철저히 지배했음을 뜻합니다. 둠즈데이 북으로 모든 자산이 기록되었기 때문에 색슨인들을 통제하는 노르만 왕조의 지배는 매우 강해졌고, 색슨인들은 더욱 억압된 삶을 살아야 했습니다.

근대를 배경으로 한
문학 속 세계사

Part 03

탐욕스러운
자본의 시대,
인간의 욕망을
풍자하다

근대는 중세가 끝나고

현대가 시작되기 전까지를 말해요. 대체로 30년 전쟁이 끝나고 시민
혁명이 시작되는 17세기 후반부터 제국주의 시대로 치닫던 19세기
후반까지가 해당되지요. 근대에 대항해 시대가 시작되었고 인간의
이성과 과학적 사고를 중시하는 계몽주의의 영향으로 시민 혁명이
일어났어요. 영국 혁명, 미국의 독립 혁명, 프랑스 혁명은 절대 왕정
을 무너트렸고 나폴레옹 전쟁으로 자유와 평등의 씨앗이 뿌려져 근
대 국민 국가가 세워졌어요.

경제적으로는 18세기 영국을 중심으로 산업혁명이 일어나 대량 생
산 체제가 이루어지고 자본주의가 발전했어요. 이와 함께 도시화가
진행되며 생겨난 노동자 계급이 열악한 노동 조건에 반발해 기계 파
괴 운동이 일어나는가 하면 사회주의 사상이 일어났지요. 이러한 가
운데 혁명의 불꽃이 다시 타올라 프랑스에서는 2월 혁명으로 공화정
이 성립했어요. 그럼 자유와 평등, 개인의 권리와 인권을 위해 투쟁
했던 혁명의 시대, 근대의 대표적인 문학 작품을 만나 볼까요?

미겔 데 세르반테스의
『돈키호테』

찰스 디킨스의
『올리버 트위스트』

레프 톨스토이의
『전쟁과 평화』

빅토르 마리 위고의
『레 미제라블』

마가렛 미첼의
『바람과 함께 사라지다』

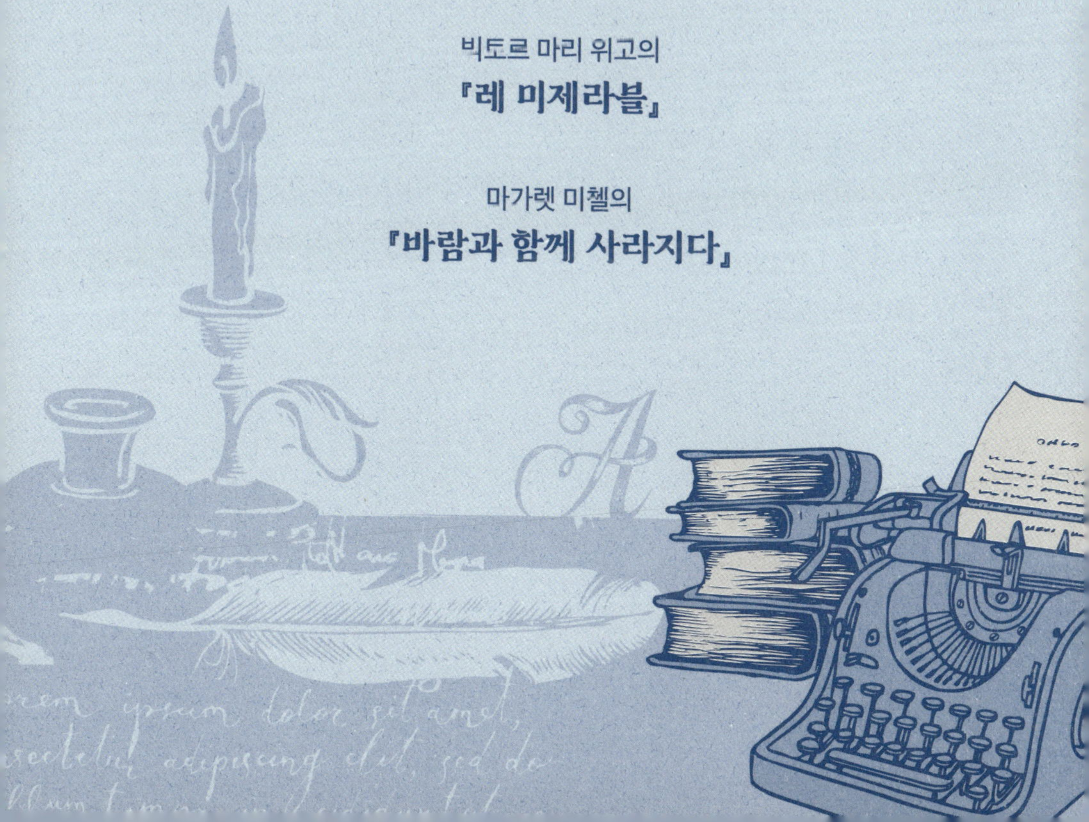

중세 기사의 몰락을 통해
사회를 비판한
풍자 문학의 걸작

미겔 데 세르반테스의 『돈키호테』
(1605)

에스파냐 사람인 세르반테스(Miguel de Cervantes, 1547~1616) 가 쓴 『돈키호테(Don Quixote)』는 17세기에 유럽에서 유행했던 풍자 문학을 대표하는 작품입니다. 이 소설에는 세르반테스가 삶과 죽음 사이를 넘나들며 겪었던 다양한 일들이 담겨 있습니다. 여러 전투와 알제리에서 5년간 노예 생활 등을 거치며, 인생 밑바닥에 대한 경험이 녹아 있습니다.

무적함대 에스파냐의 부흥과 몰락

　세르반테스가 살았던 시대에 그의 조국 에스파냐(스페인)의 위상은 천국과 지옥을 오르락내리락했습니다. 에스파냐가 천국의 기분을 맛보았을 때는 유럽에서 포르투갈과 함께 가장 먼저 신항로를 개척해 아메리카 대륙에 드넓은 식민지를 소유했을 때입니다. 이렇게 열린 대항해 시대(大航海時代)는 서양 역사에서 중세에서 근대로 넘어가는 아주 중요한 지점으로 이야기됩니다. 이탈리아의 탐험가 콜럼버스가 유럽인들이 전혀 모르고 있던 신대륙에 도착한 때지요.

　콜럼버스는 에스파냐의 이사벨라 여왕으로부터 지원을 받아 1492년에 서인도 제도에 도착합니다. 콜럼버스는 이곳을 인도인 줄 알았지만, 이 대륙은 인도가 아니라 새로운 대륙이었지요. 이 사실은 이탈리아 상인이며 탐험가인 아메리고 베스푸치(1454~1512)가 밝혀내어 이후 그의 이름을 따서 이 대륙을 '아메리카'로 부르게 되었습니다.

　콜럼버스는 당대의 지성인으로 중세 우주관이 살못된 것임을 깨닫고 있었습니다. 중세 우주관이란 지구가 우주의 중심이며 천체가 지구를 중심으로 돈다는 생각입니다. 특히 서쪽 끝에 위치한 이베리아반도가 '세상의 끝'으로 간주되어 거기서 더 나아가면 바다 아래로 뚝 떨어진다고 생각했습니다. 콜럼버스는 지구가 둥글며 스스로 자전한다는 지동설을 믿었지요.

　콜럼버스에 이어 마젤란이 이끄는 함대가 1519년 에스파냐를 출

<1571년의 레판토 해전> 작자미상, 16세기 후반 그림

발해 3년만인 1522년에 최초로 세계 일주에 성공했습니다. '세상의 끝'이란 없다는 게 밝혀지자 중세의 신학적 우주관은 무너졌지요. 유럽은 앞다투어 새로운 세계로 나아가는 중상주의를 지향했습니다.

이러한 가운데 식민지로 삼은 아메리카에서 금·은·향신료 등의 자원이 유럽으로 쏟아져 들어오자 에스파냐는 가장 부유한 해상 국가로 떠올랐습니다. 에스파냐의 명성이 유럽 전역을 뒤흔든 시기는 레판토 해전이 일어났을 때입니다.

레판토 해전이란 1571년 10월 7일에 유럽의 크리스트교 국가들이 신성 동맹을 맺어 연합 함대를 구축하고, 코린트만의 레판토 앞바다에서 오스만 제국과 싸웠던 전투를 말합니다. 이 전투에서 연합 함대는 에스파냐 함대의 맹활약에 힘입어 대승리를 거두었습니다. 당시 오스만 제국 해군의 사상자는 2만 5,000여 명이나 되었지만, 신성 동맹은 7,500여 명에 지나지 않았습니다. 이 전투 이후 에스파냐의 아르마다(Armada) 함대는 '무적함대'로 불리며 유럽 최고의 군사 국가로 우뚝 섭니다.

미겔 데 세르반테스의 초상화

하지만 레판토 해전에서 세르반테스는 가혹한 운명을 맞게 됩니다. 이 전투에서 몸에 두 발, 왼팔에 한 발의 총상을 입었기 때문입니다. 이 부상으로 그의 표현을 빌리자면, "왼손으로 하여금 오른손의 명예를 높이도록" 평생 동안 왼쪽 팔을 사용하지 못합니다. 그는 영웅적인 활약상이 인정되어 훈장 수여자가 되었지만, 얄궂은 운명인지 귀국하는 길에 해적선을 만나 포로가 되어 버립니다.

세르반테스는 알제리로 끌려가 5년 동안 노예 생활을 했습니다. 노예로 살면서 4번이나 탈출을 시도하다가 사형당힐 위기를 겪기도 했지요. 22세, 혈기왕성한 청년으로 전쟁터에 나갔던 그는 11년이 흐른 33세 때 겨우 몸값을 치루고 조국 에스파냐에 돌아올 수 있었습니다. 하지만 세르반테스의 몸값을 구하느라 집안은 풍비박산이 나고, 외과 의사이던 아버지는 노쇠해져 귀머거리가 된 상태였습니다. 아버지가 돌아가신 후 세르반테스는 가족을 먹여 살리기 위해 다시 무적함대의 식량 수급 담당관, 세금 수금원으로 고달픈 행로를 다녀야 했습니다. 이러한 경험들은 모두 소설 『돈키호테』의 이야기 소재가 되었지요.

그러는 사이에 에스파냐는 서서히 지는 해가 되어 몰락하고 있었습니다. 결정적인 싸움은 1588년에 일어납니다. 에스파냐의 식민지인 네덜란드가 에스파냐에 반기를 든 것입니다. 영국의 엘리자베스 1세는 적극적으로 네덜란드를 지원해 에스파냐의 분노를 샀습니다. 또 여왕은 드레이크를 비롯한 영국 해적들이 카리브해의 에스파냐 선박들을 공격할 때도 모르는 척해 에스파냐에게 큰 경제 손실을 입혔습니다.

이에 화가 난 에스파냐의 펠리페 2세는 2년 동안 철저히 준비해 영국과 한판 승부를 벌이기로 합니다. 그리하여 1588년 5월 28일, 전함 127척과 수병 8,000명, 육군 1만 9000명을 이끌고 에스파냐의 리스본에서 출정했습니다. 영국의 엘리자베스 1세는 드레이크를 지휘관으로 삼아 전함 80척, 병력 8,000명으로 맞섰습니다.

영국 함대는 수적으로 에스파냐 해군에 비해 약세였으나, 뛰어난 기동력과 드레이크 해독의 해풍을 절묘하게 이용한 군사 작전으로 대승리를 거두었습니다. 처음 출정한 127척 중 다시 에스파냐로 돌아간 배는 고작 54척에 지나지 않았으니 에스파냐로서는 처참한 대패였습니다. 이후 영국은 바다를 지배하는 해상권을 장악해 영국 최고의 전성기인 엘리자베스 1세 시대를 열면서 유럽 최강국의 명예를 이어 나갔습니다.

반면 에스파냐는 해상권을 영국과 네덜란드에 내주면서, 점차 세계 최강국의 자리에서 물러나게 됩니다. 그런데도 에스파냐 국왕이나 귀족들은 반성은커녕 사치와 방탕에 빠져 있었고, 중세 봉건 제도에 기초한 엄격한 신분 제도를 유지하며 과거의 환상에만 빠져 지냈

습니다. 해외에서 인생 밑바닥까지 경험하고 돌아온 세르반테스의
눈에는 이러한 제후와 기사들의 모습이 참으로 한심하게 비쳐졌습
니다. 세르반테스는 조국 에스파냐를 향해 이렇게 말하고 싶었을 겁
니다.

"이 정신 나간 에스파냐여! 세상이 바뀌었음을 왜 모르는가?
제발 공상 속에 살며 과거만 회상하지 말고, 현실을 직시하시오."

세르반테스는 구시대의 퇴물과 같은 돈키호테라는 인물을 설정해
소설을 썼습니다. 돈키호테의 엉뚱하고 정신이 나간 행동을 통해 에
스파냐 사회에 대해 신랄한 비판의 화살을 날린 겁니다. 소설에는 심
각한 비판이 아니라, 최고의 웃음거리를 만들어 내어 배꼽을 잡고 웃
게 만드는 우화적인 내용이 가득합니다.

기사도 문학으로 근대의 귀족을
신랄하게 비판하다

『돈키호테』를 제대로 이해하기 위해서는 세르반테스를 공상에 빠
지게 만든 '기사도 문학'이 무엇인가를 알아야 합니다. '기사도 문학'
이란 중세 기사들의 사랑과 모험담을 소재로 하는 문학을 말합니다.
주로 손에 땀을 쥐게 하는 기사의 무용담 속에서 기사들과 아름다

1605년에 나온 『돈키호테』
초판 표제지

운 공주나 귀족 여성의 애틋한 사랑 이
야기가 담겨 중세 사람들이 즐겨 읽었습
니다. 대표적인 작품에는 프랑크 왕국의
카롤루스 대제의 기사인 롤랑의 용맹함
을 노래한 〈롤랑의 노래〉, 북유럽 신화
의 영웅 지그프리트를 중심으로 게르만
전설을 서사시로 노래한 〈니벨룽겐의
노래〉, 영국 켈트인의 전설에 나오는 아
서왕을 영웅적으로 묘사한 〈아서왕 이
야기〉 등이 있습니다.

세르반테스는 12세기의 기사도 문학을 17세기가 되어서도 깊이
빠져 읽으면서, 예나 지금이나 현실을 바로 보지 못하는 당대 에스파
냐 귀족들의 모습을 돈키호테를 통해 은근히 비판하고 있습니다.

『돈키호테』는 1605년에 1부가 출간되고 그로부터 10년 후 2부가
출간되었습니다. 1부가 엄청난 인기를 얻자 속편까지 나온 것입니
다. 2부에서는 『돈키호테』의 주인공 알론소 키하노가 죽음을 앞두
고 제정신으로 돌아오는 것으로 끝을 맺습니다. 2부는 내용이 어려
운 편이고 보통 『돈키호테』라고 하면 1부를 말합니다. 여기서도 1부
의 내용을 살펴보도록 하겠습니다.

몰락한 하급 귀족 알론소 키하노(Alonso Quijano)는 에스파냐의 한적한 시골인 이달고에 살고 있습니다. 그는 기사도 문학을 너무 많이 읽어 그만 자신이 진짜 기사라고 착각하게 됩니다. 그는 기사에겐 멋진 이름이 있어야 한다고 생각해서 자신의 이름을 '돈키호테 라 만차'라고 지었습니다. 그러고는 기사 작위를 받기 위해 길을 떠나기로 합니다.

기사가 되기 위해서 갑옷과 투구, 말이 꼭 필요합니다. 그는 조상이 물려준 녹슬고 낡아 빠진 갑옷을 정성껏 손질하고 투구까지 그럴싸하게 쓰고는, 말까지 구해 와 '로시난테'라는 멋진 이름을 붙여 줍니다. 그러나 사실 이 말은 그의 집에 있던 힘없고 볼품없이 비쩍 마른, 늙은 말이었지요.

어쨌든 나름 기사답게 모양새를 갖추고 길을 떠나려니, 기사가 갖추어야 할 요소 중에 한 가지 빠진 것이 있었습니다. 기사도 문학을 보면 기사가 온 마음을 다해 사랑하는 아름다운 여성이

'기사도의 책들을 너무 많이 읽어 미쳐 버린 돈키호테'의 삽화 1863년, 귀스타브 도레

항상 나옵니다. 돈키호테는 자신의 기사도 정신을 바칠 여인을 서둘러 정한 후 자기 마음대로 '둘시네아 델 토보소'라는 휘황찬란한 이름을 붙였습니다. 사실 이 여성은 이웃 농부의 딸 알론사 로렌소였습니다. 현실에서 돈키호테가 사모하고 있던 여인이었지요.

드디어 한여름의 햇볕이 작열하던 어느 날, 돈키호테는 방랑기사가 되어 기사 작위를 받기 위해 힘겨워 하는 말 위에 간신히 올라타서 길을 떠났습니다. 저녁 때 한 여관에 도착하는데, 그는 이곳을 성이라고 생각합니다. 여관에서 술을 마시던 사람들은 술집을 성이라고 하면서 정신 나간 말과 행동을 늘어놓는 돈키호테를 깔보고 마구 비웃습니다. 그럴 수밖에 없는 것이, 돈키호테가 기사도 문학에 나오는 허황된 말과 기사들이 쓰는 옛 말씨를 사용했기 때문입니다.

돈키호테는 여관 주인을 성주로 착각해서 예배당을 지키는 대가로 기사 임명식을 치루겠다고 합니다. 허나 실제 성이 아닌 여관에 예배당이 있을 리 만무했습니다. 다른 때 같으면 또 흠씬 두들겨 맞고 쫓겨났겠지만 다행히도 여관 주인이 유머가 넘쳐 예배당 대신 여관 마당을 지키라고 합니다. 돈키호테는 그 제안을 흔쾌히 수락하고 잠시도 한눈팔지 않고 열심히 마당의 우물가를 지키고 있었습니다. 한여름이라 날씨가 너무 더워 잠시 갑옷을 벗어 놓기는 했지만요. 밤이 깊어지자 마부가 노새를 끌고 들어와 노새에게 물을 먹이기 위해 갑옷을 치웠습니다. 그랬더니 돈키호테는 앞에 마치 둘시네아 공주가 서 있는 것처럼 자신이 기사로서 모욕을 당했으니 그 시련을 견디는 모습을 지켜봐 달라고 부탁하고는 창으로 마부를 두들겨 팹니다. 이런 일이 벌어지자 여관 주인은 말썽꾸러기 돈키호테를 빨리 내보내려면 기사 임명식을 얼른 치러 줘야겠다고 생각합니다. 여관 주인은 기사 임명식에 사용하는 경건한 기도문을 외우는 흉내를 내기 위해 여관 장부를 들고 읽었습니다. 고개를 숙인 돈키호테의 목을 힘껏 치고 돈키호테가 찬 칼을 꺼내 그의 등을 치면서 기사 임명식을 멋지게 거행해 줍니다.

그로부터 여러 가지 사건이 일어나면서 재미있는 대사와 사건들이 이어집니다. 세르반테스가 겪은 다양한 삶의 경험이 없었다면, 결코 그렇게 맛깔스럽게 우스꽝스러운 장면을 묘사할 수 없었을 것입니다. 돈키호테는 심지어 상인들에게 자신이 사랑하는 둘시네아 공주를 세상에서 가장 아름다운 여성으로 인정하라고 생떼를 쓰기도 합니다. 돈키호테는 모험을 하고 있다고 생각했지만, 사실은 출정한 며칠 동안 내내 얻어터지다가 길에 쓰러지고 말지요. 하지만 운 좋게도 마침 길을 가던 농부가 그를 발견하고는 집까지 데려다 줍니다. 돈키호테의 정신 나간 행동을 보고 큰일 났다고 생각한 페로 페레스 신부와 니콜라스 이발사는 돈키호테가 정신을 차릴 수 있도록 갖은 노력을 다합니다. 기사도 문학책이 가득한 돈키호테의 서가에 불을 지를 계획까지 세우는 등 난리를 피웠지만 별 효과는 없었습니다.

돈키호테는 두 번째 원정을 준비합니다. 기사들은 갑옷이 무겁기 때문에 항상 갑옷을 입히고 벗겨 주며, 말고삐를 잡아 줄 시종이

돈키호테와 산초 판사,
1863년, 귀스타브 도레

필요했습니다. 돈키호테도 시종을 구하는데, 그는 깡마른 돈키호테와 완전히 대조적으로, 거대한 풍채에 지식이라고는 거의 없는 농부인 산초 판사(Sancho Panza)였습니다.

우스꽝스러운 모습의 두 사람은 먼지가 풀풀 날리는 시골길로 모험을 떠납니다. 산초 판사를 데리고 시골길을 가던 돈키호테의 눈에 서른 명도 넘어 보이는 거인들이 거대한 팔들을 허공에 휘두르는 모습이 보입니다. 이것을 보고 돈키호테는 이 땅에 박힌 악의 씨를 뽑고 전리품으로 재물을 얻으면서 자신의 용기와 담력을 천하에 알릴 기회라고 생각합니다. 그나마 제정신인 산초 판사가 저것은 거인이 아니고 풍차이고, 팔처럼 보이는 것은 날개라고 말하지만 돈키호테는 기도나 하고 있으라고 큰소리를 칠 뿐입니다. 돈키호테는 있는 힘을 다해 말을 타고 풍차를 향해 돌격합니다. 곧 거대한 풍차의 날개에 받쳐서 들판에 내동댕이쳐지고 온몸에 가득 상처만 얻고 말지요.

그의 기행은 이뿐만이 아닙니다. 돈키호테는 양떼들을 보고 군사들이라고 하거나, 시골 처녀를 귀족 여성이라고 생각해 예의를 갖추어 인사하고 심지어 면도할 때 쓰는 그릇을 보고는 투구라고 주장합니다. 징역을 살러 가는 죄수들을 보고는 갤리선의 노를 강제로 저어야 했던 노예들로 생각했어요. 이것은 작가 세르반테스가 노예로 살았던 경험이 그대로 작품에 구현된 부분이기도 합니다.

돈키호테는 이런 사건이 터질 때마다 온통 매를 흠씬 두들겨 맞아 만신창이가 되고 맙니다. 결국 신부와 이발사의 책략에 걸려서 우리에 갇히자 그는 마법에 걸렸다고 착각해 버립니다. 돈키호테는 몸이 성치 않아져 혼자서는 말도 타지 못하는 신세가 되어서야 간신히 우마차에 실려 고향 집으로 돌아오며 이야기는 끝이 납니다.

풍차를 보고 거인으로
착각한 돈키호테,
1863년, 귀스타브 도레

이렇게 우스꽝스럽고 엉뚱한 돈키호테지만, 그에게는 세르반테스가 높이 평가하는 에스파냐 귀족들의 면모가 그대로 살아 있습니다. 교양 있고 정의를 사랑하며, 언제나 예의를 갖추고 고매한 말투를 사용하는 모습 말입니다. 돈키호테는 아무리 어려움을 겪어도, 자신이 세운 이상을 실현시키기 위해 결코 신념을 잃지 않습니다. 여성에게는 다정다감하고, 어려운 처지의 사람을 만나면 열과 성을 다해 도와주려는 따뜻한 마음도 지녔지요. 반면 그의 시종인 산초 판사는 우직한 에스파냐 농민의 모습을 고스란히 갖추고 있습니다. 생활력이 강하고 어떤 경우라도 현실 감각을 잃지 않으며, 술을 좋아하고 탐욕스러운 면이 있지만 주인에게는 충실한 모습으로 그려집니다.

중세에서 근대로, 서사시에서 소설로
과도기를 대표하는 『돈키호테』

『돈키호테』의 원래 제목은 『라 만차 마을의 재치 있는 귀족 돈키호테』입니다. 이 작품을 읽으면 17세기 초 에스파냐의 시골 마을에 살던 돈키호테와 같은 몰락한 하급 귀족, 신부, 이발사, 농부, 마부, 여관 주인, 창녀, 상인, 범죄자 등 보통 사람들을 당시 모습 그대로 만날 수 있습니다. 돈키호테라는 캐릭터만 재치 있는 것이 아니라, 작가 세르반테스도 유머 감각이 탁월한 사람이었습니다. 한 예로, 1권에 돈키호테를 구하려는 신부와 이발사가 돈키호테를 정신 나가게 만든 책들을 골라 불태워 버리는 장면이 나옵니다. 책들 중에 세르반테스가 1585년에 발표한 첫 작품 『라 갈라테아(La Galatea)』가 있습니다. 그리고 세르반테스는 신부의 오랜 친구로 언급되는데, 신부는 세르반테스를 '시 쓰는 일보다 세상 고생에 더 경험이 나 있는 사람'이라고 평가합니다. 작가 스스로 자신의 삶이 얼마나 고달픈지 잘 알고 있는 거예요.

또 세르반테스는 『돈키호테』를 통해서 아직도 중세 봉건 사회의 전통을 벗어나지 못하는 에스파냐를 통렬히 비판했습니다. 비효율적인 격식과 쓸데없는 의식, 종교적인 억압, 신분 질서에 매달려 있는 모습을 한심하게 여겼습니다. 그러면서도 재산에 연연해하지 않고 약삭빠르지 않은 모습과 정의로움, 여성에 대한 예의와 교양 등 에스파냐 귀족이 갖춘 기본 소양에 대해 높이 평가했습니다.

세계 문학사에서 『돈키호테』는 소설과 서사시의 과도기에 놓인 작품입니다. 이 작품은 완전한 소설이 아니라, 장문으로 구성된 서사시 형태입니다. 이 작품이 영향을 받아서 근대 소설이 발전하게 됩니다.

『돈키호테』는 1부가 발표된 직후부터 선풍적인 인기를 끌었습니다. 사람들은 소설을 읽으며 이 세상에서 가장 웃기는 내용이 여기 있다고 배를 잡고 웃었지요. 여기에 대한 일화도 있는데, 에스파냐 국왕 펠리페 3세는 길을 가며 책을 들고 끊임없이 웃어 대는 사람을 보고 이렇게 말했다고 합니다.

"저 사람이 정신이 나간 것이 아니라면 아마도 『돈키호테』

를 읽고 있는 게 분명하다.”

19세기 프랑스 비평가인 생트뵈브(Charles Augustin Sainte-Beuve, 1804~1869)는『돈키호테』에 대해 ‘인류의 성서’라고 평가했습니다. 또 미국의 문필가인 워싱턴 어빙(Washington Irving, 1783~1859)도『돈키호테』를 ‘성서와 견줄 만한 작품’이라며 찬사를 아끼지 않았습니다. 지금도 엉뚱하고 이상한 행동을 하는 사람을 보면 “돈키호테 같다.”라고 말할 정도니, 이 책의 파급력이 얼마나 큰지 알 수 있습니다. 이렇듯『돈키호테』는 중세 시대에서 근대 세계로 나아가는 과도기인 16세기~17세기의 에스파냐 사회가 지닌 고질적인 문제를 적나라하고도 우화적으로 꼬집은 풍자 문학의 최고봉으로 평가할 수 있습니다.

돈키호테의 시대, 중세에서 근대로 나아가다

돈키호테는 이미 무너져 버린 중세 정신 속에 살고 있는 당시 시대를 풍자합니다. 이처럼 세계사에는 고대와 중세, 혹은 중세와 근대에 걸쳐 있는 대제국들이 있었습니다. 달라지는 시대의 흐름을 타고 앞서 나가는 제국이 있었는가 하면, 낡은 시대를 놓지 못해 뒤처지는 제국이 있었지요. 어떤 제국들이 있었는지 함께 알아볼까요?

— 그리스를 계승한 동로마, 비잔티움 제국

로마 제국은 디오클레티아누스 황제 때 제국의 광활한 영토를 효율적으로 다스리기 위해 두 명의 정제와 두 명의 부제를 두어 4분할 통치를 하였습니다. 그런데 황제가 죽고 나자 내분이 일어났고 최종 승리자는 콘스탄티누스 황제였습니다. 그는 수도를 제국의 동쪽에 있는 '콘스탄티노폴리스(옛 이름은 비잔티움)'으로 옮기며 농방의 중요성을 부각시킵니다. 이후 395년에 테오도시우스 1세 황제가 죽고 로마 제국은 두 아들에게 동서로 나뉘어 상속됩니다.

이렇게 동로마와 서로마로 나뉘고 나서, 서로마는 476년에 게르만족의 대이동으로 침범당해 멸망했지만, 동로마는 천여 년 동안 역사를 이어 가다 1453년에 오스만 제국에게 멸망당합니다. 동로마는 700년 이후 영토가 많이 줄어듭니다. 동로마 제국은 840년경까지 거의 연례행사처럼 이슬람 제국의 침공을 겪었기 때문입니다. 무려 영토가 10배나 크고, 군사의 수도 5배가 넘는 이슬람 제국과 싸우느라 동로마 제국의 국력은 약해졌습니다.

하지만 그리스의 전통만큼은 충실히 계승되었습니다. 호메로스의 서사시는 학교의 필수 과목이었고, 그리스 철학이 더욱 발달하여 금욕적이고 신비한 철학과 신학을 꽃피웠습니다. 이 모습을 본 서유럽 학자들은 동로마 제국이었던 이 나라를,

로마에 정복당한 그리스의 식민 도시였던 '비잔티움'이라는 이름을 따서 '비잔티움 제국'으로 불렀습니다.

—— 지중해 패권을 차지했던 오스만 제국

오스만 제국은 1299년에 오스만 튀르크족이 셀주크 튀르크의 지배에서 독립해서 세운 나라입니다. 1453년, 메메드 2세 때 비잔티움 제국을 멸망시키고 수도를 콘스탄티노폴리스로 옮기고 나서 수도명을 이스탄불이라고 했습니다.

오스만 제국의 전성기는 술레이만 1세 때입니다. 이때 서아시아, 동유럽, 북아프리카에 걸친 대제국을 건설했습니다. 지중해를 장악하고 동서 교통로를 통한 무역의 주도권을 잡아 경제적인 번영을 이루었습니다. '예니체리'로 불리는 근위병과 해군이 매우 강력했습니다.

그러나 유럽이 신항로를 개척해 대서양 항로로 무역이 활발해지면서 오스만 제국은 경제적으로 쇠퇴합니다. 1838년 영국에 의해 개항되어 불평등 조약을 맺고, '탄지마트'로 불리는 개혁을 펼쳐 서유럽을 따라 가려 했으나 실패하고 맙니다. 오스만 제국은 러시아와 여러 차례 전쟁을 하다 결국 패배하면서 영국과 오스트리아 등 열강의 간섭을 심하게 받았습니다. 1908년에 청년 튀르크당 운동이 일어나 회생하는 듯했지만 제1차 세계 대전에서도 패전국이 됩니다. 이에 모든 식민지를 잃고 튀르키예 공화국이 세워지며 역사 속으로 사라졌습니다.

—— 대영 제국의 기반을 만든 엘리자베스 1세

역사학자들이 뽑은 밀레니엄 시대가 낳은 역사 인물 중 한 명으로 선정된 엘리자베스 1세는 대영 제국의 기반을 탄탄하게 다진 인물입니다. 이 시기에 영국인들이 건너가 개척한 아메리카주의 이름을 '버지니아'로 부른 것은, 일생을 혼자 살면서 "나는 국가와 결혼하였다."라는 말을 남긴 그녀를 상징하기 위해서입니다.

엘리자베스 1세는 1588년에 에스파냐 펠리페 2세의 무적함대를 격파해 해상권을 손에 넣었고, 1600년에 동인도 회사를 세워 세계로 뻗어 나갔습니다. 또한 농토를 갈아엎고 양을 키우는 인클로저 운동으로 농민들의 살 길이 없어지자, 영국 최초로 구빈법을 실시했습니다. 또한 엘리자베스 1세가 다스린 시기는 국민 문학의 황금기였습니다. 문호 셰익스피어와 장편 서사시를 써 유명한 시인 스펜서, 경험론을 주장한 베이컨 등이 모두 엘리자베스 1세 시기에 활약한 사람들입니다

영국의 산업혁명기,
빈민이 되어 버린 노동자의
삶을 고발하다

찰스 디킨스의 『올리버 트위스트』

(1838)

『크리스마스 캐럴』, 『두 도시 이야기』, 『위대한 유산』 등 지금도 많은 사람들에게 사랑받는 소설을 쓴 찰스 디킨스(Charles Dickens, 1812~1870)는 영국의 위대한 작가이자 사회 비평가입니다. 그런 그가 1838년 생애 두 번째로 출간한 소설이 있습니다. 바로 『올리버 트위스트(Oliver Twist)』입니다. 찰스 디킨스는 이 소설을 출간하면서 작가로서 확고히 자리 잡게 됩니다. 이 소설은 고아 소년 올리버 트위스트의 이야기를 통해 영국의 산업혁명이 낳은 문제점을 신랄하게 비판하고 있습니다. 경제 발달을 이끈 산업혁명은 사람을 이롭게만 해준 것이 아니었습니다. 산업혁명은 과연 어떤 문제를 갖고 있었을까요?

정치적 안정 위에 이룬 번영의 꽃, 명예혁명과 산업혁명

미국의 저명한 저널리스트이자 밀리언셀러의 작가인 앨빈 토플러(Alvin Toffler, 1928~2016)는 자신의 책『제3의 물결』에서 신석기 시대에 일어난 농업혁명에 이어, 인류에게 큰 영향을 준 제2의 물결이 바로 산업혁명이라고 말했습니다. 제3의 물결은 정보통신혁명을 말합니다.

인류의 삶에 커다란 발전을 가져왔다고 평가받는 산업혁명. 이 산업혁명이 가장 먼저 일어난 나라는 영국입니다. 17세기 영국은 왕정을 지지하는 왕당파와 의회를 강조하는 의회파가 갈등을 겪다 1642년에 내전이 일어납니다. 수년 동안 내전을 치른 끝에 올리버 크롬웰이 이끄는 의회파가 승리해 왕정을 폐지하고 드디어 공화정을 이룩합니다.

크롬웰은 반대파를 철저히 탄압하면서 스스로 '호국경' 자리에 올랐습니다. 호국경(Lord Protector)이란 '나라를 보호하는 지도자'라는 뜻으로 국가 원수에 해당합니다. 크롬웰의 집권기는 영국민들에게는 또 다른 시련의 시기였습니다. 크롬웰이 엄격한 종교적 규율을 강요하는 금욕적인 독재 정치를 했기 때문입니다. 런던의 극장들이 폐쇄되었고 연극과 축제가 금지되는가 하면, 일요일에는 반드시 교회 예배에 참석해야 하는 등 시민의 자유가 억압되고 침해되었습니다.

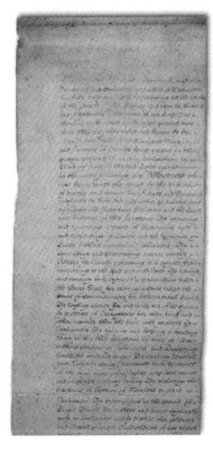

1689년 영국 권리 장전 문서. 이를 토대로 의회 제정법이 알려져 의회 민주주의를 이루었다

다시 왕정을 원하는 여론이 들끓는 가운데 왕당파가 일어나 왕정이 복고되고 찰스 2세가 왕에 올랐습니다. 그러나 그도, 그의 뒤를 이은 제임스 2세도 가톨릭을 옹호하고 의회를 탄압하려 했습니다. 이에 의회가 반기를 들어 왕을 몰아내기로 합니다. 그 결과, 1688년 제임스 2세를 쫓아내고 자유와 권리를 지켜 내는 혁명을 달성합니다. 이 혁명을 피 한 방울 흘리지 않고 명예롭게 혁명을 이루었다고 하여 '명예혁명'이라고 부릅니다. 명예혁명 이후 '국왕은 존재하되 통치하지 않는다'는 전통 속에 영국은 의회를 중심으로 한 세계 최초의 입헌 왕정 국가로 성장하게 되었습니다.

이러한 정치적 안정 속에서 모직물 공업이 발달하면서 농토 대신에 양을 키우기 위한 인클로저 운동이 일어났습니다. 그러자 토지를 잃은 수많은 농민들이 도시로 몰려와 노동력이 풍부해졌어요. 17세기 초가 되자 지하자원도 풍부했던 영국에서 면직물 공업의 각종 기계 혁신이 일어나기 시작했습니다. 1769년 제임스 와트의 증기 기관이 개발되며 동력이 풍부하게 공급되자 산업이 폭발적으로 성장했지요. 이는 18세기 후반 영국에서 산업혁명이 일어나는 결정적인 계기가 되었습니다.

19세기 초에는 조지 스티븐슨이 증기 기관차를 개발해 철도 수송

산업혁명 당시 기계로 면직물을 만드는 공장의 모습

시대가 열렸습니다. 그러자 영국을 중심으로 세계 경제 구조가 혁신적으로 바뀌게 됩니다. 런던 등 중요한 공업 지역에 수많은 공장이 들어서고 영국은 '세계의 공장'으로 불리게 되었습니다.

산업혁명이 가져온 고통에 짓눌린 사람들

산업혁명으로 물건의 대량 생산이 가능해지며 상품 가격이 하락하고 도시가 발달하면서 편리한 생활을 하게 되었습니다. 그러나 산업혁명의 이면에는 어두운 구석도 많았습니다. 자본가들은 날이 갈수록 '부르주아'로 불리면서 부유해졌지만, '프롤레타리아'로 불린 노동자들은 점점 더 가난해져 빈부 격차가 극심해졌습니다. 공장에서는 비용을 절약하기 위해 임금이 싼 어린이와 여성들을 노동자로 고용했습니다. 이들은 말도 못한 만큼 열악한 환경에서 제대로 먹지도, 자지도 못하고 오랜 시간 동안 일해야 했습니다.

게다가 농촌에서 사람들이 일자리를 찾기 위해 도시로 몰려들며 생활 환경은 계속 나빠져 갔습니다. 공장에서는 매연이 쏟아지고 강에는 폐수가 흘렀고, 악취가 났습니다. 도시 뒷골목은 비위생적인 환경이 되어 범죄의 온상이 되고 말았지요.

이처럼 산업혁명의 절정에 있던 유럽의 도시들은 그 폭발적 성장을 감당하지 못할 지경이었습니다. 도시가 터져 나갈 듯한 고통에 비명을 지르고 있었어요. 런던은 그중에서도 가장 극심한 경우였습니다. 19세기 초만 해도 런던의 인구는 90만 명 정도였는데, 20세기 초에는 500만 명에 육박했거든요. 도시 문제는 날이 갈수록 심각해졌고, 런던의 뒷골목에는 경찰도 차마 발을 들이지 못하는 범죄 소굴이 되어 갔습니다. 그 더럽고 불결한 뒷골목 안에서 아이들은 무방비 상태로 범죄에 노출되며 사회의 악으로 성장하고 있었지요. 디킨스의 소설 『올리버 트위스트』는 그 실체를 매우 실감 나고 역동적인 필체로 묘사해 도시와 아동 문제의 심각성을 사회에 고발한 작품입니다.

이 소설 내용이 무척이나 실감 나는 건, 디킨스 자신의 어릴 적 경험을 바탕으로 썼기 때문입니다. 찰스 디킨스는 집안이 매우 가난했습니다. 아버지는 돈을 갚지 못해 감옥에 들어갔고 디킨스는 구두약 제조 공장에서 아동 노동자로 일해야 했지요. 어린 디킨스는 잠을 자지 못해 마구 감기는 눈을 억지로 뜬 채 공장장의 감시와 채근을 받으며 중노동에 시달렸습니다. 그 당시 찰스 디킨스의 눈앞에는 가난과 실업에 대한 공포, 제대로 먹지 못해서 나타

산업혁명 시기의 만연했던 아동 노동

나는 영양 악화, 범죄 소굴로 떨어질 것만 같은 절망들이 가득 놓여 있었어요.

찰스 디킨스는 어릴 적 경험을 바탕으로 아이들이 악의 구렁텅이에 빠져드는 현실에 대한 경종을 울리는 작품을 써야겠다고 생각했습니다. 그 결심을 실행하는 결정적인 계기가 되는 법이 발표되었습니다. 바로 1834년에 발표된 '신구빈법'입니다.

'구빈'이란 빈민을 구제한다는 뜻입니다. 그동안 전통적으로 영국에서 빈민을 구제하는 책임은 교구에 있었습니다. '교구'란 교회가 관장하는 지역을 말합니다. 1601년에 제정된 구빈법은 모든 빈민을 교구에서 구제하도록 되어 있었어요.

그런데 1834년에 발표된 신구빈법은 달랐습니다. 아무리 빈민이라도 몸이 건강하다면 일을 할 수 있다고 판단해서 구제 대상에서 제외시켰습니다. 빈민을 동정하거나 온정주의로 바라보는 것이 법에 어긋난다고 생각하여 나온 법인 것입니다.

신구빈법에 따르면 빈민을 무조건 도와주는 것은 법에 어긋나는 행동입니다. 가난은 근면하지 못한 그 사람의 잘못이기 때문에 스스

1708년 낸트위치에 지어진 구빈원의 모습
©Espresso Addict 출처 - 위키미디어 커먼스
http://en.wikipedia.org/wiki/Image:Workhouse_Nantwich.jpg

로 가난에서 벗어나게끔 만들어야 한다는 것이지요. 교구의 원조를
받으려면 무조건 빈민 구제소인 '구빈원'에 들어가야만 했고, 노동자
들보다 더 열등한 취급을 받으며 일해야 했습니다.

디킨스, 빈민을 타락한 사람으로 취급하는
사회에 분노하다

빈민이었던 찰스 디킨스는 신구빈법이 잘못된 것이라고 생각했습
니다. 원래의 구빈법보다 더 혹독하게 만든 신구빈법을 그대로 둔다
면 빈민은 물론 영국의 미래인 아동들도 절망의 늪에서 헤어 나오지

못할 거라고 보았습니다. 그래서 자신의 경험을 바탕으로 소설『올리버 트위스트』를 집필했습니다.

찰스 디킨스는 사회가 색안경을 쓰고 빈민을 무조건 타락한 사람으로 취급하는 것을 날카롭게 비판합니다. 구빈원에서 가난한 사람들에게 얼마나 거친 노동을 시키고 잘못된 대우를 하는지를 그려 냅니다. 구빈원에 사는 가난하지만 마음이 곧고 착한 아이, 올리버를 통해 가난이 곧 타락이 아니라는 것을 알렸지요. 찰스 디킨스는 자신의 소설을 보고 사회가 가난한 사람들에 대한 편견을 버리기를 희망했습니다. 디킨스의 목적은 멋지게 달성되었습니다. 책이 출간되자 영국에서 열렬한 반응을 얻었고, 사람들은 신구빈법의 잘못된 점을 직시하기 시작한 것입니다.

자, 그럼『올리버 트위스트』가 어떤 이야기로 당시 문제를 다루었는지 살펴볼까요? 고전 소설 대부분은 권선징악을 전합니다. 권선징악은 말 그대로 '선은 권하고 악은 징벌한다'는 뜻입니다. 『올리버 트위스트』도 그러한 이야기입니다. 고아지만 착하고 바른 마음을 가진 올리버가 온갖 어려움을 이겨 내고 행복을 찾는 반면, 올리버를 핍박하며 괴롭혔던 인물들은 벌을 받는 내용으로 이루어져 있습니다.

 ## 『올리버 트위스트』속으로

올리버는 빈민으로, 어머니가 구빈원을 찾아와 낳은 아이입니다. 안타깝게도 아버지는 누구인지도 모르고, 엄마는 산통 끝에 돌

페긴의 소굴에 들어가게 된
올리버, 조지 크뤼크생크의
작품

아가셔서 천애 고아가 되었지요. 올리버는 열악하기 그지없는 구
빈원을 거쳐 구빈원의 분원에서 살게 되었습니다. 하급 관리원인
범블이 관리하는 이곳은 올리버를 비롯한 고아들을 무지막지하게
학대하는 곳으로 유명하지요. 구빈원의 분원에서 올리버는 죽을
더 달라고 했다가 매를 맞고 징벌방에 갇힌 후 장의사에게 팔려 갑
니다. 장의사 소어베리 밑에서 일하는 도제가 된 올리버는 모진 시
련을 겪습니다. 같은 도제로 일하는 노아가 올리버의 돌아가신 어
머니를 심하게 모욕한 것입니다. 견딜 수 없는 모욕감에 올리버는
노아를 때려서 혼쭐을 내주고, 밤에 도망쳐 런던으로 갔습니다.

　하지만 런던에서 더 큰 위험이 올리버를 기다리고 있었습니다.
어린아이들에게 소매치기를 시키는 악당 페긴이 이끄는 도둑 소굴
에 들어가게 되었기 때문입니다. 다른 아이들과 함께 소매치기 범
죄에 이용당하던 올리버는 현장에서 체포되어 법정에서 즉결 심판

을 받게 됩니다. 다행히 목격자인 서점 주인이 나타나 올리버의 결백을 증언해 준 덕분에 법정에서 풀려납니다. 올리버는 법정을 나오자마자 기력이 쇠하여 쓰러지고 말지요. 그러한 올리버를 노신사 브라운로우가 따뜻하게 돌보아 주었고, 그의 배려로 집에 함께 살게 됩니다.

그런데 페긴은 심부름을 나온 올리버를 다시 납치해 끌고 가버렸어요. 그리고 올리버를 무서운 범죄 행위에 끌어들일 계획을 세웁니다. 올리버는 페긴의 계략으로 런던의 대저택을 터는 범죄에 강제로 동참했다가 죽을 고비를 넘기게 됩니다. 총에 맞은 올리버를 구해 준 사람은 털려고 했던 집의 주인인 메일리 부인과 양 조카 딸인 로즈, 그리고 의사 로스번이었습니다. 이들은 올리버가 고생한 이야기를 듣고는 경찰에 신고하는 대신에 올리버를 치료해 주고 집에 머무르게 해줍니다.

페긴은 왜 그렇게 올리버를 데려가 범죄자로 만들려고 한 것일까요? 그것은 올리버의 배다른 형인 멍크스가 꾸민 계략 때문이었습니다. 멍크스는 올리버의 새어머니가 낳아 데리고 온 아들입니다. 그는 올리버의 아버지가 남긴 거대한 재산을 독차지할 생각으로 올리버를 범죄자로 만들려 했던 거예요.

한편 페긴의 범죄 집단에 속해 있는 낸시는 멍크스와 페긴이 나누는 대화를 엿듣고 이 사실을 알게 됩니다. 낸시는 올리버를 가엾게 여겨 로즈에게 진실을 알려 줍니다. 하지만 그 과정에서 낸시는 불행히도 페긴의 부하 사이크스에게 잔인하게 죽임을 당하고 맙니다.

감옥에 갇힌 페긴, 조지 크뤼크섕크의 작품

올리버가 지닌 어머니의 유품인 사진이 든 금제 목걸이를 통해 출생 신분도 밝혀집니다. 친절한 노신사 브라운로우가 알고 보니 올리버 아버지의 오랜 친구였던 것입니다. 브라운로우는 멍크스를 붙잡아 그동안 꾸몄던 모든 사실을 자백 받습니다. 그의 자백에서 올리버에게 그토록 친절했던 로즈가 올리버의 이모라는 사실도 밝혀지게 되지요.

모든 비밀이 풀리며 악당들은 벌을 받게 됩니다. 낸시를 죽인 사이크스는 사람들에게 쫓겨 도망가다가 건물의 옥상에서 떨어져 죽게 됩니다. 또 페긴도 붙잡혀 교수형을 당하지요.

올리버는 브라운로우의 양자가 되었고, 아버지가 남긴 재산을 물려받아 멋지고 근사한 청년으로 성장하게 됩니다.

한 권의 소설이 사회에 끼친 엄청난 위력

『올리버 트위스트』를 쓴 작가 찰스 디킨스는 19세기를 대표하는 사실주의 작가로 이름이 높습니다. 그가 쓴 소설에는 사회의 어두운 뒷골목 풍경, 인간답지 못한 품성의 인물들, 불행한 산업 사회에서 힘겹게 살아가는 사람들의 모습이 마치 실제로 보는 것처럼 세밀하게 묘사가 되어 있지요. 찰스 디킨스를 대표하는 『어려운 시절』, 『위대한 유산』, 『두 도시 이야기』, 『크리스마스 캐럴』 등이 모두 그런 작품들입니다.

찰스 디킨스

　그중에서도 『올리버 트위스트』는 영국의 산업혁명이 낳은 도시 문제와 빈민, 그리고 노동자들의 비참한 현실과 삶을 고발한 사회 비평 소설로 높은 평가를 받고 있습니다. 찰스 디킨스 자신의 어릴 적 경험을 바탕으로 집필해 매우 사실적이고, 흥미진진한 갈등 요소가 가득한 소설입니다. 『올리버 트위스트』는 당시 어마어마한 인기를 얻었습니다. 일반 독자들은 물론 영국 여왕인 빅토리아 여왕까지 이 소설을 읽었다고 해요. 돈이 없는 빈민가 사람들은 이 소설을 읽기 위해 공공 도서관의 대출료를 마련하려고 애쓰는 현상까지 일어났습니다.

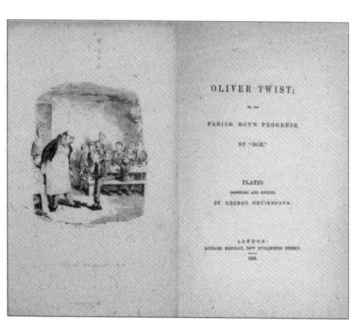

『올리버 트위스트』 초판 표제지

　이 소설이 사회를 향해 이런 메시지를 던집니다. '가난하다고 모두 범죄자가 아니다.' '가난한 사람들을 색안경을 쓰고 보지 마라. 그 속에는 얼마든지 올리버 트위스트같이 선량한 사람들이 있다.' 또 국가를 향해서는 '신구빈법을 내세워 빈민을 인간 이하로 취급하는 구빈원에 몰아넣고 제 할 일을 다 했다며 뒷짐 지고 있지 말라'고 외칩니다.

이러한 찰스 디킨스의 외침은 사회의 즉각적인 반향을 일으켰습니다. 부르주아에 속하는 자본가들이나 사회 지도층 인사들은 이 책을 읽고 가난한 사람들에 대해 가진 편견을 반성했습니다. '신구빈법'을 비롯해 그동안 빈민들에게 행했던 정책들에 대해서도 돌아보았습니다. 그리고 어린이가 영국 사회의 미래를 짊어지고 있으며, 어린이들에 대한 사회적 대우와 교육이 매우 중요하다는 것을 깨닫게 되었지요. 한 권의 소설이 가진 힘이 어마어마하다는 걸 느낄 수 있습니다.

『올리버 트위스트』는 사회적 반향뿐 아니라 소설의 플롯 자체만으로도 인기를 얻을 이유가 충분합니다. 범죄 소설의 형식을 띠는데 겉으로 보이는 범죄자는 악인 중에 악인인 페긴이나 사이크스, 범블 같은 인물이지만, 그들 뒤에 있는 거대한 국가 권력이 그러한 범죄가 일어나게끔 방임하고 있음을 날카롭게 비판합니다. 또 소설 속에서 힘 있는 자들이 힘없고 약한 자들을 괴롭히는 장면이 들어가 있는데, 이를 통해 독자들로 하여금 사회의 정의를 실천해야 한다는 사명감을 갖게 만듭니다.

주인공인 어린 올리버의 맑고 순수하며 정직한 마음은 어떤 역경 속에서도 용기를 잃지 않으면 결국 행복이 찾아온다는 메시지를 던지고 있습니다. 올리버 덕분에 암울한 현실 속에 지친 삶을 살아가는 수많은 사람들은 희망과 용기를 얻을 수 있었지요.

소설에는 다양한 인물들이 등장합니다. 낸시처럼 선과 악 사이를 오가는 인물도 있고, 비겁하기 짝이 없는 멍크스나 돈에 눈이 먼 멍크스의 어머니 리포드 부인, 장의사 소어베리 같은 인물도 나옵니다. 19세기 영국 산업 사회에 있던 각계각층의 모습을 들여다보는 느낌을 주지요.

디킨스는 도덕적이면서 정의를 실천하는 노신사 브라운로우를 통해 영국인들이 이상적으로 여기는 인격을 보여 줍니다. 그래서 영국인들이 소설을 읽으며 신사의 품격에 대해 자부심을 갖도록 만들었지요. 또 이 소설은 읽는 내내 웃음과 유머가 끊이지 않는 대중성을 지니고 있기도 합니다. 동시에 날카로운 사회적 비판 의식도 보여 주는 사회 고발 소설입니다.

격변하는 근대,
새로운 사회로 나아가는 영국의 혁명 이야기

영국은 17세기에 세계에서 가장 먼저 시민 혁명을 이룩했습니다. 시민들은 의회를 중심으로 군대를 일으켜 혁명을 달성하고 세계 최초로 국왕을 공개 처형하며 시민의 권리를 지켰습니다. 왕정이 복고되어 국왕이 또다시 의회를 탄압하려 하자 또 한 번 혁명을 일으켰습니다. 혁명의 과정과 명예혁명의 뒷이야기, 그리고 세계 최초로 일어난 산업혁명을 시간 순으로 알아봅시다.

── 왕정을 무너뜨리고 독재 정치를 펼치다, 올리버 크롬웰

올리버 크롬웰(1599~1658)은 엄격한 청교도 가정에서 자라 명문인 케임브리지 대학교에서 공부한 후, 의회에 나가 활발한 정치 활동을 펼쳤습니다. 1642년에 찰스 1세를 받드는 왕당파와 의회파 사이에 내란이 일어나자 크롬웰은 의회파를 이끌고 왕당파 군대를 무찌릅니다. 스코틀랜드로 피신한 찰스 1세를 인도받은 크롬웰은 1649년에 영국 역사상 최초로 절대 군주를 시민들 앞에서 공개 처형시키지요. 이어 공화정을 세우고 크롬웰은 호국경이 되어 국민들에게 엄격한 청교도적 생활을 강요합니다. 1651년에는 항해 조례를 발표해 네덜란드와의 해상 무역 경쟁에서 유리한 고지를 점했습니다. 그러나 그의 청교도적 독재 정권에 신물이 난 영국인들은 크롬웰이 죽고 난 이후 1년 만에 왕정을 복고시켰습니다. 찰스 1세의 아들로 왕위에 오른 찰스 2세는 웨스트민스터 사원에 묻힌 크롬웰의 시신을 꺼내어 목을 자른 후 처형장에 걸어 두는 극형을 내렸습니다.

── 왕정에서 민주주의로 나아가다, 명예혁명

1688년에 일어난 명예혁명은 피를 흘리지 않고 혁명을 이루었기에 붙은 이름입니다. 찰스 2세에 이어 왕이 된 제임스 2세는 가톨릭 신도였습니다. 제임스 2세는 대다수가 청교도인 의회와 대립하면서 가톨릭으로 영국을 통치하려고 했지요. 이에 1688년, 의회의 양당 '토리당'과 '휘그당'의 지도자들은 네덜란드에 있는 제임스 2세의 딸 메리의 남편 윌리엄 공에게 신앙의 자유를 위해 군사를 이끌고 와달라고 요청했습니다. 윌리엄 공은 이 요청을 수락해 영국에 상륙했고, 제임스 2세는 왕자와 함께 파리로 망명했습니다. 이후 메리 3세와 윌리엄 2세가 함께 왕위에 오릅니다. 명예혁명 다음 해인 1689년에 국왕의 권력을 제한하고 의회권을 강화하며 시민의 인권을 보장하는 권리 장전이 승인되었습니다. 이로써 영국은 의회 민주주의에 입각한 세계 최초의 입헌 왕정 국가로 역사에 이름을 올렸지요.

—— 기계로 일하는 세상, 자본가와 노동자가 부딪히다! 산업혁명

명예혁명 이후 정치적으로 안정된 상황에서 1733년부터 1830년까지 약 1세기 동안 사회와 경제의 큰 변혁이 일어났습니다. 바로 기술 혁신으로 기계가 등장한 것입니다. 면직물 공업을 위한 방직기(실을 뽑는 기계)와 방적기(옷감을 짜는 기계)가 개발되면서 사람이 일일이 손으로 면직물을 만들다가 기계로 대량 생산할 수 있게 되었습니다. 공장들은 기계를 설치해 공장제 수공업 형태가 공장제 기계 공업으로 바뀌었습니다. 특히 제임스 와트기 개발한 증기 기관은 다양한 기계를 움직이게 하는 힘, 즉 동력이 되어 주었습니다. 스티븐슨의 증기 기관차 개발을 시작으로 교통 혁명도 시작되었지요. 영국에서 시작한 산업혁명은 유럽을 거쳐 전 세계로 퍼져 나갔고, 산업혁명이 먼저 일어난 나라들은 강대국으로 성장했습니다. 반면 산업혁명으로 인한 문제도 심각해졌습니다. 자본가와 노동자 사이에 빈부 격차가 커지면서 노동 문제가 극심해졌습니다. 이에 '러다이트 운동'이라고 하는 기계 파괴 운동이 일어나고, 마르크스 등은 '노동자여, 단결하라'를 외치며 사회주의를 주장했습니다.

나폴레옹의 러시아 원정과
러시아 제국의 귀족 사회를
비판한 대하소설

레프 톨스토이의 『전쟁과 평화』
(1865~1869)

　세계적인 문호인 톨스토이(Lev Nikolayevich Tolstoy, 1828~ 1910)가 대하소설 『전쟁과 평화(Voina i mir)』를 처음 집필하기 시작한 해는 1863년입니다. 하지만 작품 구상은 이보다 훨씬 전인 1856년부터였지요. 그해 겨울, 12월에 톨스토이는 시베리아에서 오랜 유배 생활을 마치고 모스크바로 돌아온 '데카브리스트' 가족을 만났습니다. 데카브리스트는 무슨 말일까요?

데카브리스트, 낡은 시대를 버리고
새로운 세상을 열고 싶었던 사람들

✦

1825년 러시아 제국의 황제 알렉산드르 1세(1777~1825)가 병으로 갑작스럽게 죽음을 맞습니다. 러시아는 다음 왕위를 이어받는 문제로 몇 주간 황제 자리가 비어 있게 됩니다. 그러다가 1825년 12월 26일, 니콜라이 1세가 새롭게 즉위하지요.

이때 낡은 군주제에 반기를 든 귀족 출신 장교들이 상트페테르부르크에서 무장 봉기를 일으켰습니다. 이들을 '데카브리스트'라고 합니다. 이들이 혁명을 일으킨 때가 12월이었고, 러시아어로 12월을 '데카브리'라고 하는데서 비롯된 말입니다. 이들은 금세 진압당하고

<데카브리스트의 난> 19세기, 바실리 표도로비치 팀

155

대부분 시베리아로 유배되었습니다.

톨스토이는 유배를 마친 데카브리스트들과 만나면서 큰 충격을 받았습니다. 이 가족들이 지닌 조국에 대한 숭고한 사랑과 희생정신이 톨스토이에게 깊은 감명을 주었기 때문입니다. 이들과의 만남을 계기로 톨스토이는 데카브리스트에 관한 소설을 쓰겠다는 결심을 했습니다.

그러나 소설을 쓰기 위해 데카브리스트의 활동 영역을 조사하다가 톨스토이는 그들이 대부분 러시아가 프랑스의 나폴레옹과 전쟁을 치룰 때 참여한 청년 장교라는 사실에 주목하게 되었습니다. 그러면서 데카브리스트에 대한 소설보다 당시 열심히 맞서 싸운 러시아 귀족들과 농민들에 대해 쓰는 것이 먼저라는 생각을 하게 되었지요. 그래서 톨스토이는 1812년에 일어난 나폴레옹의 러시아 침공을 시작으로, 데카브리스트의 부모 세대 이야기를 완성하게 된 것입니다. 그들이 바로 이 소설의 주인공 안드레이 공작과 피에르입니다.

데카브리스트의 부모 세대가 겪은 전쟁, 나폴레옹의 러시아 원정

그렇다면 1812년에 일어난 러시아와 프랑스의 전쟁은 어떻게 일어난 것일까요? 이를 위해서는 우선 프랑스에서 영웅이라 불리는 나폴레옹에 대해 알아봐야 합니다. 나폴레옹의 별명은 '혁명을 훔친 사나이'입니다. 프랑스 대혁명이 과격해지면서 정권을 잡은 로베스피에르는 루이 16세와 왕비 마리 앙투아네트를 단두대로 처형한 데 이어 수많은 사람들을 단두대로 처형하는 공포 정치를 펼쳤습니다. 이러한 '공포 정치'에 대한 사람들의 불만이 높아지면서 이에 대한 반동으로 로베스피에르가 재판도 없이 붙잡혀 단두대에 처형되었고 총재 정부가 들어섰습니다. 이것을 '테르미도르의 반동'이라고 합니다.

그러나 총재 정부는 부패했습니다. 이에 나폴레옹은 정변을 일으켜 정권을 잡은 후 자신이 제1통령이 되는 통령 정부를 세웠습니다. 이 정변을 '브뤼메르 18일의 쿠데타'라고 부릅니다. 나폴레옹의 권력욕은 점점 커졌습니다. 제1통령에도 만족하지 못하고 종신 통령이 되더니 드디어는 1804년 스스로 황제 자리에 올라 나폴레옹 1세가 되었습니다. 프랑스 혁명을 일으켜 왕을 처형하고 공화정을 이루기 위해 정말 많은 사람들이 희생되었는데 그가 다시 국왕이 되니 그동안의 혁명은 수포로 돌아갔습니다. 그래서 그의 별명이 '혁명을 훔친 사나이'가 된 것이지요.

나폴레옹이 프랑스의 영웅이 된 건 그의 전쟁 수행 능력에 있었습니다. 나폴레옹이 남긴 유명한 말이 있습니다. "내 사전에 불가능은 없다"입니다. 이 말처럼, 나폴레옹은 1800년에 모두가 불가능하다고 생각한 일을 해냈습니다. 눈으로 뒤덮인 알프스 산맥을 2만 8000명의 군대를 이끌고 넘은 것입니다. 알프스 산맥을 넘은 나폴레옹의 군대는 오스트리아를 공격해 승리했습니다.

또한 이탈리아 원정에서는 나폴레옹이 오스트리아와 12개월 동안

12번을 싸워 모두 이기는 놀라운 승리를 거두었습니다. 그러자 수많은 사람들이 나폴레옹을 찬양하게 됩니다. 『전쟁과 평화』의 주인공 안드레이 공작이나 피예르도 나폴레옹을 숭앙하는 사람들로 그려졌습니다.

그러나 나폴레옹은 곧 권력을 향한 야심을 드러냅니다. 열광적인 국민의 지지를 이용해 황제 '나폴레옹 1세'가 된 것입니다. 톨스토이는 황제가 된 나폴레옹의 오만한 인격을 비판합니다. 그리하여 그와 대비되는 인물로 작품 속에 운명에 순종한 농민 병사 '플라톤 카라타예프'를 진정한 영웅으로 그려 냈습니다.

소설『전쟁과 평화』에는 1805년부터 1812년 사이에 프랑스 제1제정과 러시아 제국이 치르는 여러 전쟁이 내내 배경으로 자리합니다. 가장 먼저 일어난 전투는 1805년에 일어난 아우스터리츠 전투입니다. 아우스터리츠는 지금의 체코 동부 모라비아 지역입니다. 프랑스의 혁명 정신이 번져 올 것이 두려웠던 절대 왕정 국가 오스트리아는 황제가 통치하는 러시아와 영국, 프로이센과 함께 프랑스에 맞서는 동맹을 맺습니다. 이를 '제3차 대(對)프랑스 동맹'이라고 합니다.

그런데 나폴레옹은 놀랍게도 러시아 제국, 오스트리아, 프로이센이라는 거대한 세 나라의 군대를 모두 물리쳐 버립니다. 이 전투에서 러시아의 알렉산드르 1세는 27,000여 명의 연합 군대를 잃었고, 프랑스군은 7,000여 명만이 희생되었습니다. 얼마나 프랑스가 대승리를 거두었는지 알 수 있지요?

1812년, 나폴레옹은 다시 한 번 러시아에 대대적인 공격을 펼칩니

1812년 모스크바의 대화재

다. 이때 모스크바가 프랑스군에게 함락되지요. 톨스토이는 이 역사적인 사건을 실감 나게 묘사하기 위해 나폴레옹과 러시아 황제 알렉산드르 1세, 러시아 사령관이었던 쿠투조프 장군 등 실존 인물을 대거 등장시켰습니다. 그리고 세계사적인 관점에서 벗어나 오로지 러시아인으로서 자기 나라의 역사를 바라보는 관점으로 조국을 침공한 원수 나폴레옹을 물리치기 위해 어떤 숭고한 희생들이 있었는지를 세밀하게 묘사했습니다. 그리하여 이 전쟁을 러시아 민중들이 조국 러시아를 구해내는 '애국적인 전쟁'으로 그려 냈습니다.

톨스토이의 『전쟁과 평화』는 러시아 제국과 프랑스의 전쟁을 그린 역사 소설이면서 동시에 19세기 초 러시아 사회를 상류층에서 밑바닥에 이르기까지 속속들이 꿰뚫어 본 풍속 소설이기도 하고, 철학적인 사유를 담은 서사적 소설이기도 합니다.

작품 속에는 19세기 초 러시아 귀족 사회의 부패한 모습이 나타나고 이를 비판하는 청년 귀족의 고뇌와 번민이 그려집니다. 상류층 여성들의 재기발랄한 모습과 풍기 문란한 풍속도가 낱낱이 묘사되지요. 그런가 하면 전쟁으로 고통받는 민중의 삶이 생생히 펼쳐지고, 주인공 피에르가 빠져들었던 프리메이슨과 같은 19세기를 풍미한 사상의 유행도 살펴볼 수 있습니다. 프리메이슨은 상류층의 엘리트들이 가입한 사교 클럽을 말합니다. 세계 시민적인 성격을 띤 단체이고, 자유주의적이며 이성적이면서 합리적인 사고와 실천을 지향했습니다.

『전쟁과 평화』에 나오는 인물은 모두 599명이나 됩니다. 그중 중심인물은 자부심이 강하고 지성적인 명문 집안의 야심가 안드레이 공작과 비록 서자이긴 하지만 엄청난 재산을 지니게 되는 낙천적 이상주의자 피에르이지요. 이 둘은 모두 나폴레옹을 숭배했지만, 곧 나폴레옹이 허상에 지나지 않는 인물이라는 것을 깨닫습니다. 톨스토이는 이 전쟁에서 진정한 영웅은 신을 믿으며 모든 숙명을 받아들이는 플라톤 카라타예프와 같은 러시아 민중이라고 생각해 작품 속에 그것을 담아냈습니다.

📖 『전쟁과 평화』속으로

1805년 아우스터리츠 전투가 시작되기 직전, 안나 파블로브나 쉐레르 부인 집에서 연회가 열리고 있습니다. 상류층 귀족이 거의 모인 이 연회에서 시니컬한 모습으로 앉아 있던 안드레이 볼콘스키 공작은 막 파리에서 돌아온 절친한 피예르를 만났습니다. 피예르는 러시아에서 으뜸가는 재산가 베주코바 백작이 낳은 서자이지만, 백작의 전 재산을 상속받게 되어 사교계의 중심인물로 떠오르고 있었지요.

한편 안드레이 공작은 임신한 아내를 시골 영지에 은둔해 사는 아버지와 여동생에게 맡기고, 프랑스군과 싸우는 러시아 사령관 쿠투조프 장군의 부관으로 전쟁터에 출정합니다. 안드레이의 친구인 피예르는 후견인 쿠라긴 공작의 딸 엘렌과 결혼을 합니다. 그런데 엘렌은 사교계에서 바람기 많기로 유명한 여성이어서 앞으로 큰 분란을 일으키지요.

1805년 11월, 안드레이 공작은 아우스터리츠 전투에서 홀로 군기를 들고 적진으로 돌격하다가 중상을 입고 쓰러집니다. 그때 문득 머리 위에 펼쳐진 푸른 하늘을 바라보며 순간적으로 그 장엄함에 빠져들지요. 지금까지 자신이 추구한 명예와 야망, 그리고 숭배해 온 나폴레옹도 한낱 하찮은 것에 지나지 않는다는 깨달음을 얻습니다. 부상을 입은 안드레이는 프랑스군의 야전 병원으로 실려 갔는데, 그 사이 러시아군은 안드레이가 전사한 것으로 생각해 가족들에게 전사 통지서를 보냈습니다. 그 소식에 아내 리사를 비롯한 가족은 큰 충격과 슬픔에 빠졌지요.

그 사이 피예르는 신혼인데도 아내 엘렌이 친구인 돌로호프와 염문을 뿌리자 그에게 결투 신청을 했습니다. 결투로 명예를 지킨 피예르는 엘렌과 떨어져 별거 생활을 합니다. 그로 인해 피예르가 삶에 대한 깊은 회의에 빠져 있을 때 프리메이슨의 지도자를 알게 되고 새로운 신앙과 사상의 세계에 발을 들여놓게 됩니다.

한편 안드레이 공작은 치료를 받고 완쾌되어 시골 영지로 돌아갑니다. 영지의 사람들은 살아 돌아온 그를 보고 깜짝 놀라며 기뻐했습니다. 그러나 기쁨도 잠시, 안드레이 공작의 부인 리사는 아들을 낳다가 산통 끝에 숨을 거두고 맙니다. 안드레이는 회한에 빠져 평생 영지에서 은둔하며 살겠다는 결심을 하지요.

하지만 인생은 알 수 없는 법입니다. 1809년 봄, 안드레이 공작은 귀족들 사이의 일로 로스토프 백작의 집을 방문했다가 생기발랄한 여인 나타샤를 만납니다. 안드레이 공작은 그녀의 강렬한 첫인상에 끌립니다. 무도회에서 재회한 두 사람은 결국 연인이 되어 약혼까지 하지요. 하지만 안드레이의 아버지 볼콘스키 공작이 반대해, 둘은 1년 동안 만나지 않기로 합니다. 안드레이 공작은 외국으로 여행을 떠났고 나타샤는 무료함을 느끼다 우연히 오페라 공연에서 마주친 엘렌의 오빠 아나톨리에게 끌리게 됩니다. 방탕한 아나톨리는 유부남인 것을 숨긴 채 나타샤에게 구애를 합니다. 나타샤는 아나톨리의 유혹을 뿌리치지 못하고 안드레이 공작과 파혼하고 아나톨리와 함께 도망가기로 약속하지요. 그러다 피예르를 통해 나타샤는 아나톨리가 유부남인 것을 알게 됩니다. 크게 낙담한 나타샤를 위로해 주던 피예르는 자기도 모르게 그녀에게 좋은 감정을 느끼게 되지요. 허나 친구의 연인이었던 나타샤에게 그런

감정을 느낀 것에 죄책감을 느끼고 마음을 접으려 합니다.

그로부터 몇 년이 흐른 1812년, 프랑스와의 전쟁인 보로디노 전투에서 안드레이 공작은 다시 중상을 입고 숨을 거두고 맙니다. 러시아군은 퇴각을 계속하다가 모스크바까지 프랑스군에게 점령당합니다. 피예르는 러시아를 전쟁터로 만들며 수많은 사람을 죽음으로 내몬 나폴레옹을 암살하겠다고 결심합니다. 모두 모스크바를 버리고 피난을 떠날 때 피예르는 나폴레옹을 저격할 계획을 세우지만 결국 실패하고 프랑스군의 포로가 되지요.

피예르는 다행히 무죄 판결을 받고 포로수용소에 가게 되는데, 거기서 낙천적이고 선량한 러시아 농민 병사 플라톤 카라타예프를 만납니다. 소박하고 항상 웃는 그는 어려움 속에서도 조국에 충직한 마음을 보였지요. 그 모습에 감동한 피예르는 그를 정신적 스승으로 삼습니다. 한편 남편 피예르가 적군의 포로가 되었는데도 아내 엘렌은 계속 풍기문란하게 지내다 결국 외간 남자의 아기를 가집니다. 그녀는 몰래 아기를 떼는 약을 먹었다가 잘못되어 죽고 말지요.

1812년의 전쟁은 끝내 러시아가 승리를 거둡니다. 전쟁이 끝난 모스크바에서 나타샤를 다시 만난 피예르는 그녀를 깊이 사랑한다는 걸 깨닫습니다. 두 사람의 사랑은 결실을 맺어 결혼하게 되고, 안드레이의 여동생 마리야도 서로 좋은 감정을 품고 있는 나타샤의 오빠 니콜라이와 결혼하며 겹경사를 맞습니다.

결혼 후 나타샤는 네 아이를 낳고 가족을 사랑하고 돌보는 데 시간을 보냅니다. 그녀는 행복이란 자신의 희생을 밑거름으로 해서 이루어진다는 사실을 비로소 깨닫게 되지요. 피예르도 그런 나타샤를 보며 더욱 그녀를 믿게 됩니다. 마리야와 니콜라이 부부도 행복한 나날을 보냅니다. 그들은 슬픔의 날을 참고 견디면 결국은 기쁨의 날이 온다는 평범한 진리를 자신들의 삶 속에서 확인했지요. 전쟁의 고통스러운 과정을 잘 이겨 낸 두 가정은 삶에 만족하며 행복하게 살아갑니다.

진정한 영웅은 민중이다,
대 문호가 필생의 역작에 담은 메시지

러시아에는 세계적으로 유명한 3대 문호가 있습니다. 『죄와 벌』을 지은 도스토옙스키, 『아버지와 아들』을 쓴 투르게네프, 그리고 톨스토이가 바로 그들입니다. 톨스토이를 세계적인 작가 반열에 올려놓은 작품이 바로 『전쟁과 평화』입니다. 톨스토이보다 선배인 투르게네프는 『전쟁과 평화』를 "이 작품은 장대한 서사시이자 역사 소설이며, 한 국가의 삶을 표현해낸 거대한 그림이다."라고 평했습니다.

『전쟁과 평화』에는 톨스토이의 삶과 철학, 사상이 그대로 담겨 있습니다. 그는 명문 백작 집안에서 태어났지만, 농지 개혁에 노력하는 등 러시아 농민에 대해 관심이 많았습니다. 또 비참한 삶을 사는 러시아 농민을 일깨우기 위해 농민 학교를 세우고 농노 해방 운동을 펼

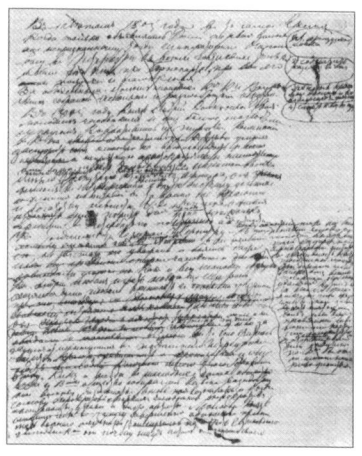

『전쟁과 평화』의 9번째 초안이 적힌 톨스 1897년 톨스토이 사진
토이의 노트

치기도 했지요. 톨스토이는 러시아를 살아 있게 하는 생명력은 바로 농민에 있다고 생각했습니다. 그래서 작품 『전쟁과 평화』에서도 전쟁 영웅 나폴레옹과 대비되는 인간형으로 주인공 피에르를 감화시키는, 러시아 농민 병사 플라톤 카라타예프를 등장시킨 것입니다.

『전쟁과 평화』가 처음 『러시아통보』에 연재되기 시작했을 때의 제목은 『1805년』이었습니다. 1805년에 있던 아우스터리츠 전투를 중심으로 이야기가 전개되기 때문입니다. 이어서 2권에서 4권까지 연속적으로 나오는데, 2권은 1806년부터 1812년까지 나폴레옹이 러시아를 침공하는, 소위 '조국 전쟁'이 일어나기 전의 이야기를 다룹니다. 3권과 4권에서는 1812년 나폴레옹의 러시아 침공으로 일어난 '조국 전쟁'을 다루지요. 비록 그가 쓰고 싶어 했던 데카브리스트에 대한 이야기는 나오지 않지만, 작품 속 피에르의 사상이 바뀌는

<아우스터리츠 전투> 1810년, 프랑수아 제라르

것이 데카브리스트 혁명의 출발점이 되었음을 밝혔습니다. 그리고 안드레이의 아들 니콜루쉬카가 미래의 데카브리스트로 성장해 나가는 과정을 그리고 있지요.

이렇게 보면 톨스토이의 『전쟁과 평화』는 역사 소설이자 풍속 소설이고, 서사적 소설이면서, 역사 속에서 변해 가는 가족 구성원들의 모습을 추적한 가족 소설로도 볼 수 있습니다. 또 피예르나 나타샤, 니콜루쉬카의 내면적인 성장을 그려 낸 성장 소설이기도 합니다.

수많은 인물들을 얽히고설키게 만들어 놓고서도, 어느 한 인물도 놓치지 않고 각 인물의 성격을 뚜렷이 묘사한 톨스토이에게 역시 대문호라는 감탄을 하게 되지요. 톨스토이는 작품 속에서 줄곧 러시아 민중의 중요한 역할을 강조했습니다. 역사의 향방을 지배하는 것은 나폴레옹과 같은 영웅주의가 아니라, 민중의 참다운 의식이라고 생각했지요. 대중이 영웅으로 생각하는 나폴레옹과 같은 인물은 한마디로 허상일 뿐이고, 인간에게 필요한 것은 끊임없는 자신에 대한 성찰과 내면적인 선행을 실천하는 도덕적 완성임을 누누이 강조한 것입니다.

톨스토이는 자신의 작품을 자신 있게 호메로스가 쓴 『일리아스』에 비견된다고 했습니다. 그 말은 결코 과장이 아닙니다. 『전쟁과 평화』는 19세기 러시아를 덮친 참혹한 전쟁이 인간과 사회에 가져온 비참함과 끔찍함에 대해 사실주의 입장에서 낱낱이 파헤쳤기 때문입니다. 『일리아스』가 고대의 트로이 전쟁을 중심으로 이와 비슷한 메시지를 전달했던 것처럼 말이지요.

사실 톨스토이가 이 책을 처음 시리즈로 간행할 때 붙인 제목은 『전쟁과 평화』가 아닌 『전쟁과 세계』라는 의미의 러시아 단어를 사용했다고 합니다. 그러다가 영국의 브롬필드 출판사가 영역본의 판매량을 늘리기 위해서 제목을 『전쟁과 평화』로 출간했답니다. 그 후 현재까지 이 책의 제목은 『전쟁과 평화』로 알려졌습니다. 여기에 얽힌 흥미로운 사실도 있습니다.

이 소설이 상류층 사회를 세밀하게 그리고 있기 때문에, 유럽에서는 상류층 사회의 필수 교양서적으로 널리 읽혔습니다. 그런데 유럽 사람들이 소설에 전쟁에 대한 이야기만 많고 평화에 대한 이야기는 적다고 생각했습니다. 반면 러시아 사람들은 이 소설을 읽고 전쟁에 대한 이야기는 거의 없다고 평했지요.

이렇게 양쪽의 생각이 다른 것은 유럽인과 러시아의 역사적 경험과 문화적 배경, 가치관의 차이에서 비롯된 것입니다. 유럽인들은 나폴레옹의 영웅적 서사와 전쟁에 주목했고 러시아인들의 갈등과 사고의 변화, 내면적 성장 등에는 별 관심을 가지지 않았습니다. 반면, 러시아인들은 이 작품을 삶과 철학을 다룬 서사시로 보면서, 전쟁보다 개인과 사회의 변화에 초점을 맞추어 읽었습니다. 그러나 사실 이 것은 출판사가 만들어 낸 『전쟁과 평화』라는 제목에 맞춰 생각하다 보니 벌어진 일이었던 것입니다.

"내가 아는 모든 것은 사랑하기 때문에 알게 된 것이다."

_영화 <톨스토이의 마지막 인생> 중에서

근대에 들어가는 길목에 선
러시아 사회의 역사적 사건과 인물들

나폴레옹의 러시아 원정은 두 나라의 운명을 바꾸어 놓았습니다. 나폴레옹은 러시아전의 참패로 막다른 골목에 들어섰고 러시아에는 역사의 회오리바람이 불었습니다. 나폴레옹과 일전을 겨루었던 알렉산드르 1세가 전제 왕권을 강화하다가 세상을 떠나면서 데카브리스트의 입헌 혁명이 일어났지만 실패했습니다. 이후 혁명 주동자들이 철저히 응징되면서 개혁과 진보를 통해 변화할 수 있었던 희망의 숨결이 끊어졌습니다. 당시 러시아 역사의 향방을 바꾸어 놓은 사건들을 알아보고 나폴레옹의 러시아 원정 실패가 어떤 결과를 가져왔는지 살펴보겠습니다.

—— 12월에 일어난 데카브리스트의 난

데카브리스트를 영어로 번역하면 디셈브리스트(Decembrist)로, '12월에 일어난 사람들'이라는 뜻입니다. 러시아의 청년 장교들은 1825년 12월 14일, 알렉산드르 1세가 갑자기 사망해 혼란한 틈을 타, 프롤레타리아(노동자 계급)의 급진적인 혁명을 막기 위해 세르게이 트루베츠코이 공작을 중심으로 입헌 혁명을 일으켰습니다. 입헌 혁명이란 의회를 중심으로 헌법을 제정하고 국왕의 권력을 축소하는 것을 말합니다. 이후 데카브리스트는 '혁명을 일으킨 청년 장교'들을 일컫는 말이 되었지요.

이들은 전제 정치를 폐지하고 입헌 군주국을 세울 것을 주장했습니다. 농노를 해방시키고 농민들에게 토지 분배를 약속하는 혁명적인 강령을 제시했지요. 그러나 이들의 혁명은 성공하지 못했습니다. 알렉산드르 1세에 뒤이은 황제 니콜라이 1세는 혁명 가담자 121명 중 파벨 페스텔 등 5명을 처형하고 가담자 대부분을 시베리아로 유배했습니다. 이후 더 강하게 전제 정치를 펼쳤지요. 이들의 거사는 실패한 혁명이었기 때문에 '데카브리스트의 반란'으로 불렸습니다.

── 러시아의 근대화에 실패한 황제, 알렉산드르 1세

알렉산드르 1세(1777~1825, 재위 1801~1825)는 로마노프 왕조의 열 번째 국왕입니다. 부왕인 파벨 1세가 암살을 당한 후 왕위에 올랐지요. 나폴레옹을 공격하기 위해 제3차와 제4차 대프랑스 동맹을 맺었지만, 아우스터리츠 전투와 프리들란트 전투에서 크게 패했습니다. 나폴레옹이 몰락한 후 빈 회의의 주축이 되어 새로 수립한 폴란드 왕국의 국왕이 되었고, 핀란드를 차지하며 그루지야·베사라비아·아제르바이잔을 병합했습니다. 그러나 전쟁으로 국정이 불안해지고 재정 부족을 해결하기 위한 둔전병제로 국민들의 불만은 더욱 커졌습니다. 또한 보수 반동 정치를 펼쳐 자유주의자들을 탄압했습니다. 왕의 후계자가 정해지지 않은 가운데 여행지에서 갑자기 숨을 거두어 데카브리스트 혁명이 일어나게 됩니다.

── 나폴레옹의 운명을 결정지은 러시아 원정

나폴레옹은 1806년, 영국과 유럽 대륙이 무역을 못하게 하는 '대륙봉쇄령'을 내렸습니다. 그런데 러시아의 알렉산드르 1세가 대륙봉쇄령을 어기자 나폴레옹은 1812년에 60만 명의 대군을 일으켜 러시아를 침공했습니다. 이 전쟁을 러시아는 '조국 전쟁'이라 부릅니다. 가장 치열한 전쟁인 보로디노 전투에서 나폴레옹은 원정군의 삼분의 일을 잃고 맙니다. 1812년 9월 14일, 나폴레옹의 군대는 모스크바로 들어갔지만 모스크바는 텅텅 비어 있었지요. 더구나 밤에 화재가 생겨 강한 바람을 타고 며칠을 타올라 모스크바 시내를 불바다로 만들었습니다. 12월이 되어 나폴레옹군은 뼛속까지 파고드는 추위에 주력 부대의 대부분을 잃고 황급히 철수했습니다. 러시아 원정이 실패하면서 나폴레옹은 몰락의 길을 걷게 됩니다. 1814년 나폴레옹은 파리를 대프랑스 동맹군에게 점령당하는 수난을 겪고 엘바섬으로 유배를 갑니다. 불굴의 나폴레옹은 엘바섬을 탈출해 다시 군사를 모아 유럽을 석권했지만 100일 만에 영국의 웰링턴 장군이 이끄는 워털루 전투에서 패배하지요. 이 사건을 역사에서 '100일 천하'라고 말합니다. 이후 나폴레옹은 대서양 한가운데 있는 세인트헬레나 섬으로 유배되어 생을 마쳤습니다.

혁명 이후 격동의 프랑스 정치와
빈민의 실상을 날카롭게 고발하다

빅토르 마리 위고의 『레 미제라블』
(1862)

프랑스를 대표하는 대문호 빅토르 마리 위고(Victor Marie Hugo, 1802~1885)가 쓴 『레 미제라블(Les Misérables)』은 프랑스 대혁명에서 나폴레옹 집권을 거쳐 1830년의 7월 혁명, 1832년의 6월 봉기까지 아우르는 역사 소설입니다. 그 누구도 빅토르 위고만큼 파리의 구석구석, 심지어 파리 시내 아래의 하수도 구역까지 파헤쳐서 사실적으로 묘사해 낼 수는 없을 거예요. 빅토르 위고는 1845년부터 1862년까지, 장장 17년이나 이 소설을 위해 시간을 들였답니다.

『레 미제라블』이라는 제목을 우리말로 옮기면 '불쌍한 사람들'을 의미합니다. 빅토르 위고는 왜 제목을 '불쌍한 사람들'이라고 지었을까요? 그것은 『레 미제라블』의 주인공 장 발장을 보면 알 수 있습니다. 그는 배고픈 조카들을 위해 빵을 하나 훔쳤다가 19년 동안 감옥 생활을 하게 되는 말 그대로 불쌍하고 비참한 빈민입니다. 이 소설의 제목에는 위정자들의 실패한 경제 정책으로 장 발장 같은 사회적 빈민을 양산하게 된 것을 날카롭게 비판한 작가 빅토르 위고의 분노가 숨어 있습니다. 빅토르 위고는 왜 위정자들을 겨냥해 비판의 화살을 보냈을까요? 그 이유는 프랑스 혁명사를 살아간 주인공 장 발장의 인생을 따라가 보면 찾을 수 있습니다. 그 전에 프랑스 혁명사에 대해 간단히 알아보도록 할게요.

왕의 목을 잘랐지만 세상은 변하지 않았다

1789년 프랑스는 미국 독립 전쟁에 무리하게 군사를 지원해 주어 재정이 무척 나빠진 상태였습니다. 국왕 루이 16세는 국가 재정이 파탄에 이르자 이를 해결하기 위해 170여 년간 한 번도 열린 적이 없던 신분제 의회인 '삼부회'를 소집했습니다.

삼부회는 프랑스에 있는 세 신분의 대표자들이 모여 나라의 중요한 문제를 논의하는 의회입니다. 제1신분은 성직자이고 제2신분은 귀족, 제3신분은 평민으로 이루어져 있습니다. 루이 16세는 평민들만 내던 세금을 제1신분과 제2신분에게도 걷으려 했습니다. 당시 프랑스는 '앙시앵 레짐(ancien régime)'이라고 하는 구제도에 따라 프랑스 인구의 2%에 해당하는 제1신분과 제2신분은 막대한 부를 소유

<삼부회> 1839년, 루이 샤를 오귀스트 쿠데

하면서도 세금을 내지 않는 면세의 특권을 가졌습니다. 반면 프랑스 인구의 98%를 차지하는 제3신분은 각종 세금을 부담했습니다.

삼부회가 열리자 세금 징수 문제에 대해 제1신분과 제2신분은 원래 투표하던 방식인 신분제별 표결 방식을 원했습니다. 제3신분은 머릿수 표결 방식을 주장했습니다. 만약 신분제별 표결 방식으로 한다면 제3신분은 2:1로 투표에서 패배하게 됩니다. 팽팽한 의견 대립이 계속되다가 결국 갈등을 좁히지 못하고 삼부회는 결렬되었습니다.

1789년 6월 제3신분 의원들은 따로 국민의회를 결성합니다. 그러자 루이 16세는 무력으로 국민의회를 해산시키려고 했습니다. 국민의회는 이에 대항했고 결정적으로 7월 14일에 시민들이 바스티유 감옥을 습격하면서 프랑스 대혁명을 일으켰습니다. 8월이 되자 시민들은 '인간과 시민에 대한 권리 선언문'인 '인권선언'을 공포했습니다. 10월에는 여성들이 앞장서서 국왕 부처가 화려한 연회를 여는

인간과 시민의 인권 선언문

베르사유 궁전까지 행진하여 치솟은 물가에 대해 격렬히 항의했습니다. 혁명의 불길은 점점 세게 타오르고 있었습니다.

이에 왕당파를 중심으로 영국처럼 입헌 왕정을 세우려 했습니다. 그러나 혁명을 두려워한 루이 16세가 왕비 마리 앙투아네트와 몰래 국외로 탈출하려다가 바렌에서 발각되는 일이 벌어집니다. 이른바 '바렌 탈출 사건'이 일어난 것입니다. 국왕이 나라를 버리고 도망치려 했다는 사실에 시민들은 분노했고, 혁명은 더욱 과격하게 흘러갔습니다. 국왕의 권한은 정지되었고, 1792년에 국민공회가 새롭게 구성되면서 제1공화정이 선포되었습니다. 이 혁명 정부에 루이 16세는 반역죄로 기소되었고, 왕과 왕비는 모두 단두대에서 처형됩니다.

이후 프랑스에는 자코뱅당의 로베스피에르가 중심이 되어 공안위

로베스피에르에 대항하는 테르미도르의 반동이 일어난다. 1870년, 맥스 아다모 그림

원회를 구성했습니다. 공안위원회는 공포 정치를 펼쳐 수많은 사람들이 처형되었습니다. 왕당파는 물론 온건파이 지롱드 당원 등 1만 5천명 이상이 단두대에 올라 죽음을 맞았습니다. 프랑스 밖에서는 프랑스 혁명 정신이 전파되는 것을 두려워한 오스트리아와 프로이센 등이 대프랑스 동맹을 맺고 프랑스로 진격하고 있었지요.

사회는 불안했고, 경제는 엉망이 되었습니다. 공안위원회는 물가를 내리기 위해 안간힘을 쓰며 최고 가격제를 실시했습니다. 그러나 그것도 잠시, 1794년 국민공회의 온건파가 '테르미도르의 반동'이라고 불리는 쿠데타를 일으켜 로베스피에르가 재판도 없이 단두대에서 사라지게 됩니다. 이후 무능한 총재 정부가 들어서자 물가는 다시 미친 듯이 치솟고 경제는 크게 악화됐습니다.

나폴레옹의 실각과
산업혁명의 파도에 밀려난 사람들

✳

『레 미제라블』에서 주인공 장 발장이 굶주리는 조카들을 위해 빵한 조각을 훔쳤다가 19년의 징역살이를 하게 된 때가 바로 이 총재 정부가 집권했을 때인 1796년이랍니다. 당시의 징역살이란 감옥에 갇히는 것이 아니라 중노동에 처해지는 것이었습니다. 장 발장은 채찍질을 당하며 노예같이 헐벗고 굶주리면서, 지중해를 오가는 갤리선의 노를 젓는 중노동을 해야 했습니다.

장 발장이 징역살이를 하는 이 시기에 프랑스는 빛과 어둠이 번갈아 드나들었습니다. 1799년 정권을 잡은 나폴레옹이 다음 해인 1800년 알프스를 넘어 오스트리아로 진격하고 전 유럽을 석권할 때는 빛의 세상이었지요. 하지만 1812년 러시아를 침공했다가 대패한 후, 1815년에 워털루 전투에서 패해 엘바 섬에 이어 세인트헬레나 섬에 갇히게 되었을 때는 어둠이 프랑스를 덮쳤습니다.

그 다음 해인 1816년은 소설 속 장 발장이 드디어 출소하는 때입니다. 그러나 사회에 돌아온 장 발장을 반겨 주는 사람은 아무도 없었습니다. 오직 미리엘 주교만이 장 발장을 받아 주었지요. 하지만 장 발장은 미리엘 주교를 배반하고 은그릇을 훔쳐 달아납니다. 그런 일을 저질렀는데도 주교는 장 발장을 감싸 주었을 뿐만 아니라 은촛대까지 내어 주었어요. 장 발장은 주교에게 크게 감동받아 앞으로 선하게 살아가기로 결심합니다. 그리고 고군분투하며 부를 쌓고 사람

<민중을 이끄는 자유의 여신, 1830년 7월 28일> 1830년, 외젠 들라크루아

들의 신뢰를 받아 기업가로 성장했지요.

바로 그때 프랑스는 또 한 번의 혁명이 일어납니다. 부패한 정치를 행한 루이 18세가 쫓겨나고 루이 필리프를 시민의 왕으로 하는 입헌 왕정이 세워진 것입니다. 이 사건은 1830년 7월에 일어난 7월 혁명입니다.

이 시기 프랑스는 산업혁명의 파도에 휩쓸렸습니다. 소설 속 장 발장이 기업가로 성공한 소도시 몽트뢰유쉬르메르는 영국의 영향을 받아 프랑스에서 산업혁명이 일찍 일어난 곳입니다. 장 발장 같은 기업가들은 부르주아가 되어 마치 절대 왕정 시기의 귀족 같은 지위를 누

라마르크 장군, 작자 미상

렸지요.

그러나 그와 동시에 산업혁명의 어두운 그림자가 프랑스의 가난한 사람들을 덮쳤습니다. 거리에는 부랑아와 창녀, 알코올 중독자, 술에 취한 노동자가 넘쳐나고, 여성과 어린이들은 공장에서 저임금으로 중노동에 시달렸습니다. 악취가 나는 도시의 하수구를 타고 전염병이 돌아 빈민들은 떼죽음을 당하거나, 굶주림 속에 죽어갔습니다. 하지만 나라에서 그들을 위해 해주는 것은 거의 없었지요.

더 이상 참다못한 산업 노동자 수천 명이 1831년에 리옹에서 폭동을 일으켰습니다. 그들은 최저임금제를 주장했지만, 자본가들 대부분이 이에 응하지 않았습니다. 리옹 지역의 노동자들은 다시 들고 일어났지만, 정부가 철저하게 탄압해 버립니다.

그러던 중 나폴레옹의 부관이었고 민중에게 열렬한 지지를 받고 있던 라마르크 장군이 숨을 거두었습니다. 1832년 6월 5일 장례식 날, 빈민과 노동자, 급진적인 공화주의를 주장하는 학생들이 리옹 폭동 진압에 항거하는 대대적인 시위를 일으켰습니다. 이 사건이 소설의 정점으로 묘사된 1832년 6월 봉기입니다.

『레 미제라블』에서 장 발장은 사랑하는 수양딸 코제트의 연인 마리우스를 구하기 위해 이 봉기의 소용돌이에 몸을 던졌습니다. 사망자만 800여 명에 이른 폭동에서 시위를 주도한 마리우스가 살아난 것은 장 발장 덕분입니다. 장 발장이 파리 하수도를 기어가 부상을 당한 마리우스를 구했기 때문이지요. 장 발장은 코제트의 성대한 결혼식을 치룬 후 한평생 비밀로 간직해 온 것들을 모두 털어놓고, 평화로운 마음으로 죽음을 맞습니다.

이렇게 『레 미제라블』은 프랑스 혁명과 산업혁명이라는 격동의 시기를 거친 프랑스 사회를 그린 역사 소설이자, 당시 유행한 문학 사조인 낭만주

『레 미제라블』 속 6월 봉기 때 마리우스 대신 죽음을 맞는 에포닌의 삽화

의를 바탕으로 풍성한 읽을거리를 담은 사회 소설이랍니다. 자, 그럼 『레 미제라블』 속으로 한번 들어가 볼까요?

『레 미제라블』속으로

총재 정부로 인해 경제는 더욱 심각해진 시대에 라브리 마을에서 하루 벌어 하루 생활하는 노동자 장 발장은 누이동생과 일곱 조카를 부양하고 있었습니다. 그는 굶주리는 조카들을 먹이기 위해 빵 한 조각을 훔쳤다가 3년 형을 받게 됩니다. 장 발장은 감옥에서도

조카들이 걱정되어 끊임없이 탈출을 시도했습니다. 그 때문에 계속해서 형이 늘어나 무려 19년 동안 징역살이를 하게 됩니다. 장 발장이 가석방으로 사회에 나왔을 때는 중년을 훌쩍 넘은 46세였습니다. 장 발장은 열심히 살아 보려고 했지만, 감옥에서 막 나온 장 발장에게 사람들은 너무 매정하게 대하고 등을 돌립니다. 오직 성당의 주교인 미리엘만이 그를 인간답고 따뜻하게 대해 주었지요.

그런데 장 발장은 유일하게 자신에게 먹을 것과 잠자리를 내어 준 미리엘을 배신하고 사제관의 은식기를 훔쳐 달아나 버립니다. 그러다 경찰에 붙잡혀 성당에 끌려오게 되지요. 그런 장 발장을 본 미리엘 주교는 그를 용서하고 은촛대까지 선물로 줍니다. 주교의 따뜻한 마음에 장 발장은 감격하고 이 일을 계기로 새로운 인생을 살기로 다짐합니다.

이후 장 발장은 북부 프랑스의 몽트뢰유쉬르메르라는 작은 도시로 가서 이름을 '마들렌'로 바꾸고 살아갑니다. 당시 프랑스는 산업혁명을 겪던 시기였습니다. 새로운 변화에 맞춰 장 발장을 기술을 개발해 공장을 세운 후 큰돈을 벌었습니다. 장 발장은 어려운 사람들을 보면 지나치지 못하고 마음을 다해 도와주었기 때문에, 사람들이 그를 믿고 전폭적으로 지지했습니다. 그 결과, 마침내 장 발장은 시장까지 오르게 됩니다.

그러던 어느 날, 장 발장은 마차에 깔린 사람을 보고 마차를 들어 올려 위험에서 구해 주었습니다. 그런데 마차까지 들어 올리는 장 발장의 괴력을 보고 냉혹한 경찰 자베르가 시장의 정체를 의심합니다. 자베르는 전과자를 사회에서 격리시키는 것이 자신의 책무라고 생각하는 인물입니다. 그는 장 발장이 감옥에 있을 때 엄청난 힘을 발휘한 것을 기억해내고 마들렌 시장을 가석방 중에 도망친 장 발장으로 의심합니다. 자베르는 장 발장이라고 다른 사람을 체포해서 재판을 받게 합니다. 자기 대신 다른 사람이 감옥에 가게 생기자 양심의 가책을 느낀 장 발장은 스스로 장 발장임을 밝히고 감옥으로 들어가기로 합니다.

하지만 그런 장 발장이 아직 사회에서 못다 한 일이 남아 있었습니다. 그가 공장의 사장이었던 시절, 공장에서 일하던 팡틴이라는 여성에게 마음의 빚을 지게 된 것입니다. 팡틴은 홀로 아이를 키우고 있었는데, 그 사실을 들켜 공장에서 쫓겨나 거리를 떠돌게 됩니다. 자신의 아이 코제트의 양육비를 위해 온갖 일을 다 하던 그녀는 병들어 죽게 됩니다. 장 발장은 팡틴이 병들어 죽게 된 깃이 자신의 책임이라고 여겨 그녀의 유언을 들어주기로 한 것입니다.

팡틴의 유언은 딸 코제트를 맡아시 잘 키워 달라는 부탁이었습니다. 장 발장은 이 약속을 지키기 위해 죽음을 무릅쓰고 감옥을 탈출했습니다. 그리고 무자비한 테나르디에 부부 밑에서 잔인한 학대를 받고 있던 어린 코제트를 찾아냅니다. 테나르디에 부부는 코제트와 동갑인 딸 에포닌이 있으면서도 어린 코제트를 몹시 괴롭혔습니다. 장 발장은 테나르디에 부부에게 큰돈을 쥐어 주고 코제트를 구해 낸 뒤 양딸로 삼습니다. 그리고 두 사람은 파리로 가서 새로운 삶을 살게 되지요. 그런데 감옥을 탈출한 장 발장을 경찰 자베르가 끈질기게 추적해 다시 찾아냈습니다. 그러자 장 발장은 코제트와 함께 수도원에 들어가 꼭꼭 숨어 버립니다.

수도원에서 코제트는 사랑스럽고 교양이 있는, 아름다운 처녀로 성장합니다. 그런 코제트 앞에 근사한 청년 마리우스가 나타나지요. 두 사람은 자신도 모르게 서로에게 끌리고, 곧 불같은 사랑에 빠져 버립니다. 마리우스는 왕당파인 외할아버지 질노르망에게서 독립해 'ABC(아베쎄)의 벗'이라는 공화정 프랑스를 꿈꾸는 청년 모임에 적극적으로 참여하고 있었습니다. 장 발장은 그런 활동을 하는 마리우스를 위험하다고 여겨 코제트를 데리고 다시 숨어 버렸지요. 하지만 코제트와 마리우스는 에포닌의 도움으로 다시 재회하게 됩니다. 사실 에포닌은 마리우스를 짝사랑하고 있었는데, 6월 봉기 때 시위하는 마리우스 대신에 총에 맞아 죽는 비극적인 인물입니다.

한편 라마르크 장군의 장례식이 열린 1832년 6월 5일, 대대적인 봉기가 일어나며, 마리우스도 봉기에 동참했습니다. 시민들이 쌓은 바리케이드가 무너지고 시위하는 사람들이 모두 죽음을 당하는 가운데 장 발장은 자신의 딸 코제트의 사랑을 위해 마리우스를 구해 냅니다.

파리의 지하수로를 통해 다친 마리우스를 데리고 나오다 장 발장은 자베르를 마주칩니다. 그러나 자베르는 예전에 자신의 목숨을 구해 준 적이 있는 장 발장을 체포하지 않고 사라집니다. 그후 자베르는 센강에 몸을 던져 스스로 죽음을 맞습니다. 법이 절대적인 선이라고 굳게 믿었던 자베르는 법을 어긴 범죄자인 장 발장이 법의 수호자보다 선한 일을 행하는 것에 대해 충격과 혼란을 이겨 낼 수 없었던 것입니다.

부상을 치료한 마리우스와 코제트는 마침내 결혼하게 됩니다. 장 발장은 마리우스에게 자신의 과거를 털어놓았는데, 마리우스는 전과자였던 그를 받아들이지 못하고 멀리했지요. 외면당한 장 발 장은 혼자가 되어 외로움 속에 점점 쇠약해졌습니다. 마침내 마리 우스는 장 발장이 자신을 구한 생명의 은인이며, 그동안 어떤 선행 을 해왔는지를 알게 되었지요. 마리우스는 코제트를 데리고 장 발 장을 찾아가 용서를 빌고, 장 발장은 두 사람이 지켜보는 가운데 평 온한 모습으로 눈을 감았습니다.

작가로도, 정치가로도
치열하게 분투한 빅토르 위고

✳

소설가로 살다 세상을 떠나자 온 국민이 애도하며 국민장으로 장례 가 치러지는 영광을 누린 작가가 있을까요? 그런 대우를 받은 작가가 있습니다. 바로 『레 미제라블』을 지은 빅토르 위고입니다. 1885년 그가 세상을 떠나자 프랑스 사람들은 그의 죽음을 애도하며 국민장 으로 장례를 치른 다음, 존경받는 인물들이 묻히는 판테온에서 영원 한 안식을 취하게 했습니다.

빅토르 위고의 초상화 사진, 1876년

빅토르 위고가 프랑스를 대표하는 문인으로 꼽힌 건 1831년에 발표한 『노트르담 드 파리』를 쓴 다음부터입니다. 이 작품을 읽고 수많은 사람들이 주인공 꼽추 콰지모도의 순애보에 눈물을 흘리며 깊은 감동을 받았습니다. 『레 미제라블』은 그로부터 30여 년이 흐른 다음에 발표된 작품입니다. 그 사이에 위고는 가슴 아픈 가정사를 겪고, 정치 생명이 단절되어 조국을 등지고 망명의 길을 떠나는 시련을 겪었습니다. 『레 미제라블』에서 주인공 장 발장이 겪는 좌절과 절망감은 바로 작가인 위고의 뼈아픈 경험에서 나온 것이지요.

『레 미제라블』을 읽어 보면 수양딸 코제트를 향한 아버지의 깊은 사랑이 담겨 있습니다. 그것은 실제 위고의 경험과도 연결지어 볼 수 있습니다. 위고에게는 사랑하는 딸 레오포르딘이 있었는데, 1843년 센강에서 딸이 탔던 보트가 뒤집어지는 바람에 물에 빠져 죽고 말았습니다. 위고는 그 이후 10여 년을 슬픔에 잠겨 글을 쓰지 않았지요. 『레 미제라블』 속 장 발장의 애틋한 부성애는 위고가 죽은 딸에게 주고 싶은 사랑을 소설에서나마 나타낸 것이라고 볼 수 있습니다.

글에서 손을 뗀 후 위고는 정치 일선에 나섰습니다. 처음에 그는 왕을 지지하는 왕당파였습니다. 하지만, 노동자와 중산층이 중심이 되어 일어난 1848년 2월 혁명이 성공하자 『레 미제라블』속 코제트의 연인 마리우스처럼 공화주의로 기울게 됩니다. 하지만 숙부 나폴레옹 1세를 등에 업고 대통령이 된 루이 나폴레옹이 국민 투표를 통해 황제가 되려고 하자, 위고는 이를 강력히 반대하다 1851년에 망명길에 오르게 됩니다. 이로부터 장장 19년간을 조국으로 돌아오지 못했지요.

빅토르 위고는 유럽을 떠돌다가 영국 해협에 위치한 저지 섬과 건지 섬에서 망명 생활을 했습니다. 소설 『레 미제라블』은 그 망명지에서 탄생한 작품입니다. 조국으로 돌아가고 싶지만 돌아갈 수 없는 처지에 있는 위고는 밝은 세상에서 당당하게 살고 싶지만 결코 그럴 수 없는 전과자 장 발장과 닮았습니다. 그는 망명지에서 법과 권력을 양손에 쥐고 휘두르는 나폴레옹 3세를 비난했습니다. 그러면서 인간이 만든 법이 인간을 더욱 옭죄게 한다는 생각을 하게 됐지요. 그 과정에서 『레 미제라블』의 집요한 경찰 자베르가 탄생된 것입니다. 그는 이렇게 말했어요.

"법률과 관습이 있기 때문에 사회적인 처벌이 생기고, 그로 인해 문명 한가운데에 인공적인 지옥이 생겨나며, 신이 만들어야 할 숙명이 인간이 만든 운명 때문에 엉켜 버리고 있다."

빅토르 위고 자신이 나폴레옹 3세 때문에 원치 않는 망명을 가야 하듯이, 인간이 인간을 응징하는 것은 참을 수 없는 일이라고 생각했

'마들렌 시장이 된 장 발장' 귀스타
브 브리옹의 삽화 1862년

습니다. 그리고 위고는 『레 미제라
블』을 통해 사회에 매도되고 법으로
처벌될 수밖에 없지만 너무나 인간
적인 주인공 장 발장을 세상에 내놓
았습니다.

『레 미제라블』은 18세기 말에서
19세기에 이르는 프랑스 민중의 초
상을 그려 낸 작품입니다. 작품에 나
오는 장 발장, 자베르, 미리엘, 팡틴,
코제트, 마리우스, 에포닌, 꼬마 가
브로슈, 그리고 악인 테나르디에 등은 모두 그 시대에 살았던 성인,
여성, 어린이, 경찰 등의 초상이지요.

위고는 작품을 통해 이런 메시지를 던졌습니다. 형무소가 오히려
죄인을 만들어 낸다는 것, 평등의 첫 번째는 공정함이어야 한다는
것, 개혁 의식은 일종의 도덕의식과 같으며 진보야말로 인간의 존재
방식이라고 말입니다.

위고는 인류의 진보를 믿고 미래에 건설될 이상 세계에 대한 뚜렷
한 믿음을 지니고 있었습니다. 그래서 소설에서 장 발장이라는 인물
을 보여 줌으로써 악이 응징당하고 선이 보상받는 때가 반드시 올 거
라고 믿었지요. 국가와 권력 집단이 돌보지 않는 민중들을 돌보는 양
심적인 인물만이 악에 의해 무너지는 사회를 구해 낼 수 있다는 그
신념이, 사회 고발 소설인 『레 미제라블』을 탄생시킨 것이랍니다.

혁명과 왕정 그리고 또 혁명,
피바람이 끊이지 않았던 근대의 프랑스 정치사

18세기를 '혁명의 시대'라고 합니다. 부패한 세상에 저항하고 합리적인 이성에 따라 사고하는 계몽 사상의 영향을 받아 미국에서는 미국 독립 혁명이, 프랑스에서는 프랑스 대혁명이 일어난 시대이기 때문입니다. 이 시기에 산업혁명도 일어났습니다. 반면 19세기 전반기는 보수 반동의 시대였습니다. 나폴레옹을 몰아낸 다음에 모든 것을 프랑스 혁명 이전으로 되돌리려고 하는 '빈 체제'가 형성되었습니다. 보수 반동적인 시대가 되었지만 자유주의의 물결을 막아 낼 수는 없었습니다. 프랑스에서는 거듭된 혁명으로 왕정과 공화정이 번갈아 나타나며 격동의 시기를 보냈습니다.

—— 공포정치의 대명사, 로베스피에르

프랑스 대혁명 당시에 자코뱅당은 제3신분인 평민들을 대표하며 급진적인 개혁을 주장했던 사람들입니다. 이들을 이끌며 공안위원회를 조직해 일인 독재 체제를 구축한 이가 로베스피에르(1758~1794)입니다. 그는 『사회계약론』, 『인간 불평등 기원론』을 펴낸 장 자크 루소(1712~1778)의 사상에 깊은 영향을 받았습니다. 자유와 평등에 의해 국민 주권 국가를 만들겠다는 의지를 가졌습니다. 그리고 마침내 국민공회의 일인자가 되자 사회의 불평등을 해소하고, 모든 사람이 교육을 받고 직장을 가질 수 있는 이상적인 사회를 꿈꾸었습니다. 혁명의 이념을 위해 루이 16세와 마리 앙투아네트는 물론, 온건한 개혁을 추구한 지롱드 당원과 동료인 당통을 비롯한 자코뱅당원들까지 적게는 1만 5천여 명, 많게는 1만 7천여 명을 단두대로 처형하는 공포 정치를 펼쳤습니다. 하층민을 위해서는 물가를 안정시키기 위한 최고 가격제를 실시하고, 프랑스로 쳐들어오는 대프랑스 동맹 국가들에 맞서 싸우기 위해 국민징병제를 실시했습니다. 그러나 수많은 사람을 처형시킨 그 역시 1794년 7월 28일, '테르미도르의 반동'으로 단두대에서 비참하게 세상을 떠났습니다.

—— 다시 돌아온 왕정을 또 한 번 무너뜨리다, 7월 혁명

나폴레옹이 웰링턴 싸움에서 지고 세인트헬레나 섬에 유배당합니다. 이후, 유럽에는 모든 것을 프랑스 혁명 이전의 절대 왕정 시대로 되돌리자는 '빈 체제'가 국제 사회의 새로운 질서가 되었습니다. 빈 체제라 부르는 것은 오스트리아의 수도 빈에서 회의가 열려 결정되었기 때문입니다. 빈 체제에 따라 프랑스는 왕이 통치하는 왕정으로 돌아갑니다. 왕위에 오른 부르봉 왕가의 루이 18세나 샤를 10세는 절대 왕정 때처럼 국민을 탄압했지요. 1830년 샤를 10세는 하원을 해산하고 출판의 자유를 정지시키며, 세금을 많이 내는 사람에게만 선거권을 주는 '7월 칙령'을 선포했습니다. 그러자 자유주의 부르주아를 중심으로 하는 프랑스 국민들은 7월 혁명(1830)을 일으켰습니다. 시민들은 부르봉 왕가를 몰아내고, '시민의 왕'으로 루이 필리프를 즉위시켜 왕에게 제한된 권력만 주는 입헌 왕정을 세웁니다.

—— 다시 한 번 공화정을 이룩하다, 2월 혁명

7월 혁명이 일어난 지 18년 만인 1848년 2월, 프랑스에서는 또다시 혁명이 일어났습니다. 이를 '2월 혁명'이라고 합니다. 1830년 7월 혁명으로 자유주의적 입헌 혁명이 일어났지만, 여전히 상류층에게만 선거권을 주고 자본가 계급을 중심으로 국가를 통치하려 했습니다. 그래서 노동자들과 산업 부르주아들은 불만을 품고 있었습니다. 이들은 1848년 2월 혁명을 일으켜 3일 만에 시민의 왕이던 루이 필리프를 몰아냈습니다. 루이 필리프는 초라한 모습으로 런던으로 망명을 떠났습니다. 2월 혁명의 성공으로 프랑스는 제2공화정을 이루었습니다. 2월 혁명의 불길은 유럽으로 퍼져 나가서, 오스트리아에서도 3월 혁명이 일어나게 됩니다. 3월 혁명으로 빈 체제를 주도하던 오스트리아의 외상 메테르니히가 물러났고, 빈 체제는 역사의 뒤안길로 사라졌습니다.

무너진 세상에 굴복하지 않는
강인한 여성의 남북전쟁 분투기

마가렛 미첼의 『바람과 함께 사라지다』
(1936)

영화로도 유명한 『바람과 함께 사라지다』는 미국의 작가 마기렛 미첼(Margaret Mitchell, 1900~1949)이 1936년에 쓴 장편 소설입니다. 원어로는 『Gone with the wind』인데, 그렇다면 도대체 무엇이 바람과 함께 사라졌다는 것일까요? 그 의미는 소설 속 배경으로 그려지는 남북전쟁에 담겨 있습니다.

남북전쟁은 1861년부터 1865년에 미국에서 벌어진 내전입니다. 미합중국에서 독립하기를 원하는 남부와, 남부의 독립을 막으려 한 북부가 전쟁을 벌였습니다. 남북전쟁은 너무나 참혹하고 수많은 사상자를 낸 전쟁으로, 전쟁터가 되어 버린 남부의 아름다웠던 목화밭이며 신사도와 같은 모든 전통이 한순간에 사라지고 말았다는 의미를 품고 있지요.

그렇다면 남북전쟁은 왜 일어났을까요? 당시 북부는 인구가 2,200만 명이었고, 남부는 900만 명이었습니다. 남부는 그중 자그마치 300만여 명이 흑인 노예들이었어요. 이처럼 전쟁에 동원될 사람들이 적은 남부가 일방적으로 불리한 전쟁인데도, 이들이 전쟁으로 치닫게 된 이유는 무엇일까요?

노예제 폐지 대 유지,
북부와 남부의 갈등이 전쟁으로 치닫다

남부는 노예를 써서 면화 농장을 운영해 경제를 일구고 있었고, 또 면화를 자유롭게 수출하기 위해 자유 무역을 원했습니다. 이에 비해 북부는 도시를 중심으로 하는 공업이 발달하며 임금을 받는 자유노동자가 많았지요. 또 무역에 있어서도 국내산 물품을 보호하기 위해 외국 물건에 높은 관세를 붙이는 보호 무역을 원했습니다.

그런데 미국이 발전하면 발전할수록 산업화를 이룬 북부에만 혜택이 집중되었습니다. 철도의 대부분이 북부에 건설된데다, 연방의회는 북부에게만 유리한 법률을 통과시켜 날이 갈수록 남부의 불만은 커져 갔습니다. 게다가 노예들은 자유를 찾아 하루가 멀다 하고 북부로 도망쳤지요. 설상가상으로 1850년대에 들어서자 남부를 제외한 주들이 노예제를 금지하기 시작했습니다. 노예가 없다면 넓은 농장 일을 할 이들이 없어지는 것이어서 남부는 노예제를 금지하는 것에 강하게 반발했습니다.

1860년에 치른 대통령 선거에 남부는 큰 기대를 걸었습니다. 남부 출신의 대통령이 나온다면 남부에 불리한 조건들이 개선될 수 있으리라 생각한 것입니다. 하지만 남부가 지지하는 민주당은 강경파와 온건파로 쪼개져 단일한 후보를 내지 못했

1860년 에이브러햄 링컨

습니다. 이 와중에 상대편인 공화당은 단일 후보로 에이브러햄 링컨 (Abraham Lincoln, 1809~1865)을 내보냈지요. 링컨은 노예제 폐지를 선거 공약으로 내걸었고, 대통령으로 당선되었습니다.

당시 미국에는 노예를 해방시킨 자유주가 19개, 노예를 인정하는 노예주가 15개, 자유주와 노예주 사이의 경계주는 4개가 있었습니다. 링컨이 대통령으로 당선되자, 사우스캐롤라이나 주를 시작으로 남부 주들이 연방을 탈퇴하고 독립을 선언하기 시작했습니다. 미시시피, 플로리다, 앨라배마, 조지아, 루이지애나, 텍사스가 뒤따랐고, 연방을 탈퇴한 주들은 미연합국(Confederate States of America)이라는 이름으로 새로운 독립 국가를 세웠지요. 그들은 제퍼슨 데이비스(Jefferson Davis, 1808~1889)를 대통령으로 선출했습니다. 또 버지니아 주가 남부에 들어오자 그 뒤를 따라 아칸소, 테네시, 노스캐

섬터 요새를 공격한 남부 연합군

롤라이나가 미 연방을 탈퇴했지요. 미국은 건국한 지 100년도 안 되어 남북으로 분열되고 만 것입니다.

링컨은 취임 연설에서 남부의 연방 탈퇴를 '내란'으로 규정하고, 이를 막기 위해 무력을 쓰는 것도 불사하겠다며 강력히 경고했습니다. 하지만 남부는 보란 듯이 1861년 4월 12일 새벽 4시 30분에 연방군의 섬터 요새를 먼저 공격했습니다. 결국 남북전쟁이 일어나고 만 것입니다. 이러한 일들이 『바람과 함께 사라지다』에 생생하게 그려져 당시의 긴박했던 상황을 잘 알 수 있습니다.

전쟁 초반에는 미국 출신 최고의 영웅으로 평가받는 리 장군의 진두지휘로 남부가 일방적인 승리를 거두었습니다. 미 연방의 수도 워싱턴이 위기에 빠졌을 정도였지요. 그러자 링컨은 1863년 1월에 전격적으로 노예 해방을 선언했습니다.

"…미국의 대통령인 나, 에이브러햄 링컨은 … 반란주로 지
정된 주에서 노예로 있는 모든 사람은 1863년 1월 1일을 기
해 영원히 자유의 몸이 될 것임을 선포한다.…"

사실 링컨은 노예 해방론자는 아닙니다. 노예 해방이 미 연방을 유
지하는 데 도움이 되기 때문에, 전쟁에 이기기 위한 수단으로 노예
해방을 선언한 것이지요. 이러한 링컨의 의도는 그가 언론인 호레이
스 그릴리에게 보낸 편지에 잘 나타나 있습니다.

"나의 제일의 관심은 연방을 유지하는 것입니다. 노예제를
허용하느냐 금하느냐 하는
것은 그 다음 문제입니다.
만약 노예를 해방하지 않고
도 연방이 존속될 수 있다면
그렇게 하겠습니다. 연방을
위해 모든 노예를 해방해야
한다면 역시 그렇게 하겠습
니다."

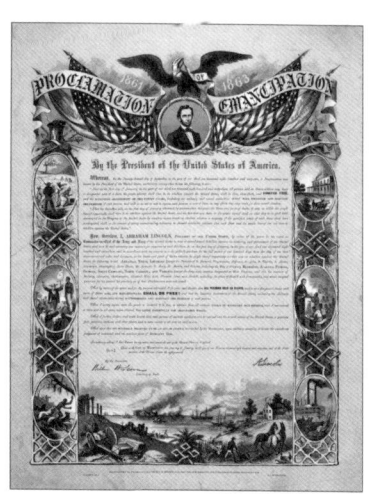

즉, 링컨이 노예 해방을 한 것

노예 해방 선언문

은 흑인들의 인권을 위해서가 아니라, 남부군에게 밀리는 전쟁을 역
전시키기 위해서였습니다. 실제로 노예 해방을 하자마자 노예들이
대거 탈출해 북부군에 지원함으로써, 남북전쟁의 양상이 뒤집혀집
니다.

이러한 남북전쟁을 배경으로 남부 사람들이 어떤 삶의 변화를 겪
게 되는지를 생생하고 역동적으로 써 내려간 소설이 『바람과 함께
사라지다』입니다. 이제 소설의 이야기를 살펴볼까요?

『바람과 함께 사라지다』 속으로

주인공 스칼렛 오하라는 남부 귀부인을 대표하는 여성으로, 매
사에 자신감이 넘치고 자존심이 강한 인물입니다. 스칼렛에게 한
번 사로잡히면 남성들이 정신을 차리지 못할 정도로 매력이 넘쳤
지요. 스칼렛의 아버지는 조지아주의 애틀란타에 오래전부터 뿌리
를 내린 아일랜드 계통 사람입니다. 아버지는 '타라'라고 불리는
큰 농장을 소유하고 있었고, 스칼렛의 어머니는 프랑스계 귀족 출
신이었지요. 그런 유복한 환경에서 스칼렛은 유모이자 흑인 노예
인 에이미의 보살핌을 받으며 아름다운 여성으로 성장했습니다.

16세가 된 스칼렛 오하라가 사랑하는 남성은 품위 있고 교양이
넘치는 애슐리였습니다. 그런데 애슐리는 스칼렛의 마음을 몰라주
고 사촌인 멜라니와 결혼합니다. 스칼렛은 애슐리의 결혼에 자존
심을 크게 다치고 질투심에 사로잡히지요. 스칼렛은 애슐리에게

복수하려는 마음으로, 애슐리의 여동생과 결혼하기로 약속한 찰스를 빼앗아 결혼합니다.

그러던 중 남북전쟁이 터졌습니다. 남자들은 전쟁터에 가야 했는데, 스칼렛의 남편 찰스도 예외는 아니었습니다. 안타깝게도 찰스는 얼마 안 있어 병에 걸려 죽고 말았습니다. 남편이 죽은 후 스칼렛은 아들을 낳았고, 유모 에이미와 함께 찰스의 숙모 댁에서 살게 되지요. 하지만 여전히 그녀는 죽은 남편은 까맣게 잊은 채 오직 애슐리에게만 매달려 있었습니다. 스칼렛은 급기야 애슐리의 부인 멜라니의 곁으로 찾아갔습니다. 그리고 남북전쟁에 참전한 애슐리가 크리스마스 휴가를 얻어 나오자, 애슐리에게 아직도 변함없이 사랑한다고 고백합니다. 하지만 애슐리는 스칼렛에게 가족을 부탁한다는 말만 남기고 다시 전쟁터로 떠났지요.

부상당한 수많은 남부군이 몰려오는 가운데, 애틀랜타도 북부군에게 점령되기 일보 직전이 됩니다. 그 와중에 멜라니는 아들을 낳았습니다. 애슐리에게 가족을 부탁한다는 청을 받은 스칼렛은 레트의 도움을 받아 멜라니와 아기, 그리고 유모 에이미를 태우고 불바다가 된 애틀랜타를 겨우 벗어나 고향인 타라로 향했습니다.

스칼렛을 도운 레드 버틀러는 이전에 스칼렛과 잠깐 인연이 닿았던 남성입니다. 다소 거만하지만 현실적이면서도 남자다운 성품을 지닌 인물입니다. 스칼렛은 간신히 고향으로 돌아왔지만, 이미 타라도 전쟁 때문에 폐허가 되어 있었습니다. 설상가상으로 어머니는 병으로 돌아가셨고, 아버지는 정신병으로 폐인이 되어 있었지요. 스칼렛은 타라와 가족을 살리기 위해 몸을 바쳐 일을 했습니다. 하지만, 막대한 세금 통지서 앞에서 좌절할 수밖에 없었지요. 이때 레트가 큰돈을 벌었다는 사실을 안 스칼렛은 자존심을 버리고 그를 찾아갔습니다. 돈이 많은 레트를 유혹하기 위해 눈앞에 있는 커텐을 뜯어 직접 드레스를 만들어 입었지요. 하지만 전부터 사소하게 어긋났던 두 사람은 레트의 얄미운 발언으로 더욱 관계가 나빠집니다. 레트가 스칼렛의 자존심에 더욱 상처를 주는 바람에, 그녀는 레트를 증오하게 되지요.

결국 스칼렛은 타라를 살리기 위해 여동생의 약혼자이며 부자인 프랭크 케네디를 빼앗아 재혼했습니다. 그녀는 임신한 가운데서도 전력을 다해 제재소를 경영하며 그 돈으로 농장 타라를 살려 냈습니다. 그런데 또다시 비극이 찾아왔습니다. 남편 프랭크도 백인들이 만든 비밀 결사 단체이자 인종차별 단체인 KKK단으로 활동하다가 총에 맞아 죽은 것입니다.

한편 줄곧 스칼렛을 마음에 담아 두었던 레트는 그녀에게 청혼했습니다. 스칼렛은 아직 레트를 미워했지만, 돈이 필요했기 때문에 청혼을 받아들였습니다. 스칼렛은 레트와 예쁜 딸 보니를 낳았습니다. 이제는 행복해질 일만 남은 줄 알았지만, 행복은 그리 길지 않았습니다. 스칼렛은 레트와 결혼했지만, 애슐리에 대한 깊은 집착이 남아 있어 부부 사이에 갈등이 매우 심했습니다. 하지만 스칼렛은 이후 멜라니가 죽고 나자 애슐리가 진정 사랑한 사람은 자신이 아닌 멜라니라는 것을 인정하게 되었습니다. 또 멜라니가 레트를 소중히 하라는 유언을 남기자 자신의 진짜 마음에 대해 비로소 깨닫게 되지요. 그제야 자신이 정말 사랑하는 남자가 레트라는 걸 깨달았지만, 운명의 장난인지 레트와 스칼렛을 이어 주던 딸 보니가 말에서 떨어져 죽으며 두 사람의 사이는 돌이킬 수 없게 됩니다. 레트는 더 이상 애슐리의 대역을 하기 싫다면서 스칼렛에게서 떠나갔습니다. 그렇지만 스칼렛은 이에 체념하지 않고, 내일은 또 다른 날이 되니 자신에게 언제나 힘이 되는 농장 타라로 돌아가 레트를 되찾겠다고 결심하며 소설은 끝을 맺습니다.

후회와 폐허 속에서도
희망을 잃지 않는 용기

✦

이 소설의 마지막은 스칼렛이 레트를 떠나보내면서도 결코 용기를 잃지 않고 삶에 대한 희망을 놓지 않는 것으로 끝이 납니다. 여기서 소설에서도 그리고 소설을 재현한 영화에서도 유명하게 회자되는 스칼렛의 대사가 나옵니다.

"Tomorrow is another day.(내일은 내일의 태양이 뜰 테니까.)"

너무 뒤늦게 사랑을 깨달았다는 후회 속에서도 그녀는 내일의 희

1941년 마가렛 미첼

망을 잃지 않습니다. 그리고 자신이 태어나고 자랐으며 가족과의 추억이 어린 타라로 돌아가기로 결심합니다. 타라는 그녀에게 생명의 원천과도 같은 곳이기 때문입니다. 어떠한 상황에서 희망을 잃지 않는 강인한 남부 여성 스칼렛을 보며 오늘을 온 힘을 다해 살아 내고 새롭게 내일을 시작하는 용기를 배우게 됩니다.

　이 소설에는 오만한 철부지였던 스칼렛이 자립심을 갖춘 인물로 성장하게 되는데 여기에는 작가 마가렛 미첼의 이야기도 많이 반영되어 있습니다. 소설『바람과 함께 사라지다』를 쓴 마가렛 미첼은 1900년에 미국 남부의 조지아주 애틀랜타에서 태어났습니다. 아버지와 오빠가 모두 변호사였고, 그녀의 집안은 애틀랜타에서만 100년 이상 살아온 전통 있는 집안이었습니다. 마가렛 미첼의 집안이 아일랜드 혈통이어서 소설의 주인공 스칼렛도 아일랜드 혈통을 가졌다고 썼습니다. 또한 남북전쟁 당시 남부군으로 참여한 외조부로부터, 어려서부터 들어온 남부의 자랑스러운 전통과 목화밭의 소중함, 남북전쟁에 대한 여러 이야기들도 이 소설에 담겨 있습니다. 그리고 마가렛 미첼 역시 이혼과 재혼을 직접 겪었기 때문에, 주인공인 스칼렛의 성급한 결혼과 재혼을 실감 나게 그려 낼 수 있었지요.

　마가렛 미첼은 평생 오직 이 한 작품만을 발표해 미국을 대표하는

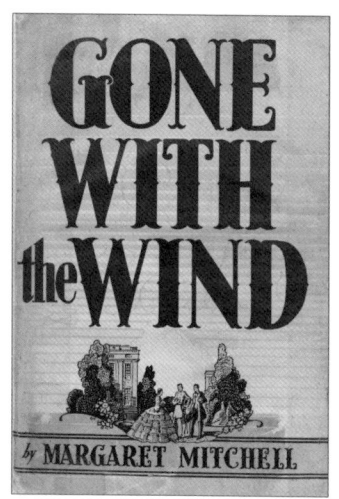

1936년에 나온 『바람과 함께 사라지다』 초판 표지

영화 <바람과 함께 사라지다>의 한 장면. 비비안 리가 스칼렛 오하라를, 클라크 게이블이 레트를 연기했다

작가의 반열에 올랐습니다. 그녀는 두 번째 남편인 존 로버트 마시의 권유로 소설을 쓰게 되었습니다. 잡지사의 기자였던 마가렛은 다리 부상 때문에 기자 생활을 그만두고, 수년 동안 자료 조사와 습작에 몰두해 작품을 구상한 지 10년 만인 1936년에 마침내 『바람과 함께 사라지다』를 완성했습니다.

출판사는 무명작가의 첫 작품을 출간하면서 고민이 많았지만, 그 것은 기우에 지나지 않았어요. 『바람과 함께 사라지다』는 출간된 지 1년 만에 150만 부가 팔려 나가는 밀리언셀러가 되었습니다. 전 세계 30여 개의 언어로 번역되어 수천만 부가 날개 돋친 듯이 팔려 나 갔지요. 1937년에는 퓰리처상을 수상했고, 1939년에는 비비안 리와 클라크 게이블이 주연을 맡고 빅터 플레밍이 감독한 영화로 제작되어, 아카데미상 10개 부문을 휩쓰는 영광도 거머쥐었답니다.

하지만 안타깝게도 마가렛은 1949년 8월 16일, 뜻하지 않은 자동차 사고로 숨을 거두었습니다. 죽기 전 그녀는 생전에 써놓은 모든 원고를 없애 달라고 부탁해서 이 작품 외에 다른 작품은 파기되었다고 합니다.

소설의 제목이 『바람과 함께 사라지다』가 된 과정 또한 흥미롭습니다. 마가렛 미첼이 생각했던 원래 제목은 소설 마지막에 스칼렛 오하라가 레트 버틀러와 헤어지게 되면서 한 대사인, "내일은 또 다른 날이 된다(Tomorrow is another day)"였습니다. 그러나 무명작가의 첫 소설을 출판하는 입장인 맥밀란 출판사는 그런 제목으로는 책이 잘 팔리지 않을 거라고 생각했습니다. 그래서 작품 첫 머리에 나온 내용을 토대로, 일방적으로 책 제목을 『바람과 함께 사라지다』로 정했답니다. '바람과 함께 사라지다'라는 이 문장은 영국이 자랑하는 19세기 낭만파 시인인 어니스트 다우슨(1867~1900)이 쓴 〈시나라(Cynara)〉라는 시에서 가져온 것이라고 해요.

『바람과 함께 사라지다』는 부족한 것 없이 자란 16세의 스칼렛 오하라가 시련과 좌절, 후회를 겪으며 자립심이 강한 28세의 여인으로 성장하는 과정을 담은 소설입니다. 또 남북전쟁을 전후로 한 격동기에 미국의 남부 사람들이 어떻게 어려운 시기를 헤쳐 나갔는지를 파헤친 역사 소설이기도 합니다. 다만 소설 속 인물들이 남부 사람들이다 보니 이야기가 남부 사람들의 시각으로 진행되면서, 노예 노동으로 유지한 남부의 대농장의 삶을 이상적으로 묘사한 것이 시대의 발전을 역행한 아쉬운 점으로 꼽힙니다.

그럼에도 불구하고 남북전쟁의 험난한 시기 속에서도 용기를 잃지 않고 진취적인 삶을 개척하는 스칼렛 오하라와, 오직 한 여성에 대한 변치 않는 마음을 보여 주는 레트 버틀러의 밀고 당기는 사랑 이야기만으로도 충분히 매력적인 작품이지요. 덕분에 이 명작은 현재까지 전 세계 수많은 독자들에게 널리 읽히는 스테디셀러로 자리하고 있습니다.

미국의 뿌리 깊은 인종 차별이 만든 고통의 역사들

미국 수도 워싱턴 D.C.에 가면 엄청난 규모를 자랑하는 링컨 기념관이 있습니다. 뉴욕의 얼굴과 같은 유서 깊은 뉴욕 필하모닉 오케스트라의 전용 극장 이름도 링컨 센터입니다. 미국인들이 링컨 대통령에 부여하는 역사적인 의미는 그만큼 큽니다. 미국의 분열 위기를 극복한 에이브러햄 링컨이 살아온 길을 탐색해 보는 것은 매우 의미 있는 일입니다. 이와 함께 남북전쟁 당시의 노예주와 경계주, 자유주로 나뉘는 이유와 미국의 불편한 진실, 현재도 진행 중인 인종 차별 문제를 살펴봅시다.

—— 노예 해방을 선언한 대통령, 에이브러햄 링컨

에이브러햄 링컨(Abraham Lincoln, 1809~1865)은 미국의 제16대 대통령입니다. 링컨은 미국 서부 변방 지역이던 켄터키주 호진빌에서 가난한 농부의 아들로 태어났습니다. 학교를 다니지 못해서 독학으로 공부해 변호사가 되었지요. 일리노이주 의원에 이어 하원 의원에 당선되었지만, 상원 의원 선거에서 두 번이나 고배를 마셨습니다. 하지만 그 과정에서 국민들에게 노예 반대론자임을 각인시키고, 드디어 공화당 대통령 주자가 됩니다.

1860년 링컨은 제16대 대통령에 당선되었습니다. 링컨의 당선으로 남부가 분리 독립을 선언했고 남북전쟁(1861~1865)이 일어났습니다. 전쟁 과정에서 남부군의 승리로 전세가 불리해지자 1863년 링컨은 노예 해방령을 발표했습니다. 이에 흑인들이 대거 북부군을 지원함으로써 전세가 역전되었습니다. 1863년 11월 19일, 미국 펜실베이니아주 게티즈버그에서 링컨이 한 "국민의, 국민에 의한, 국민을 위한 정부는 지상에서 영원히 사라지지 않을 것이다"라는 연설은 지금까지도 수많은 사람들이 인용하는 연설로 유명합니다. 1864년, 링컨은 대통령에 재선되었으나 다음 해 1865년 4월 14일, 남부 지지자에게 암살당했습니다.

── 노예 제도로 쪼개진 자유주, 노예주, 그리고 경계주

미국 남북전쟁을 치르는 과정에서 미국의 주는 세 가지 형태로 나뉘었습니다. 미합중국의 연방을 유지하며 노예 제도가 폐지된 주를 '자유주'라고 합니다. 보통 북부를 말합니다. 반면 노예 제도가 합법이었던 주를 노예주라고 하는데 이들이 남북전쟁 시기에 남부 연합이 되었습니다. 북부군을 구성하는 자유주는 19개, 남부군을 구성하는 노예주는 15개가 있었습니다. 경계주는 4개로, 노예 제도를 합법적으로 인정하고 있으나 미합중국 연방에서 탈퇴하지 않은 주를 말합니다.

── 백인 우월주의를 지향하는 극단적인 인종 차별 단체, KKK단

소설 『바람과 함께 사라지다』에서 주인공 스칼렛 오하라가 두 번째로 결혼한 남편 프랭크는 KKK단으로 활동하다가 숨을 거둡니다. KKK단의 KKK는 'Ku, Klux, Klan'의 약자로, '원과 집단'을 의미하는 용어입니다. 이들은 백인을 상징하는 흰색 천으로 온몸을 감싸고 활동합니다. 그들은 남북전쟁 당시 남부군의 기병 대장이었던 네이턴 베드포드 포레스트를 중심으로 남부의 재건을 목표로 처음 조직되었습니다. 이들은 노예 해방을 지지하는 백인들을 습격하고, 투표권을 가진 흑인들을 테러하기 시작했지요. KKK단은 활동할 때 준 종교 의식으로서 얼굴까지 원뿔 모양의 흰 두건으로 가리는 극렬한 백인 우월주의자들입니다. KKK단은 현재까지도 미국 각지에서 이슈가 있을 때마다 다시 나타나 백인들이 다른 인종을 지배하는 것을 목표로 하며 끊임없는 테러와 분쟁을 일으키고 있습니다.

현대를 배경으로 한
문학 속 세계사

Part 04

세계 대전과
이념 갈등의 상처가
문학에 새겨지다

현대는 20세기에 시작되어

현재까지 이르는 시기예요. 현대에는 두 차례의 세계 대전이 일어 났습니다. 제1차 세계 대전(1914~1918)과 제2차 세계 대전(1939~ 1945)을 치르면서 대량 살상 무기가 개발되고 인권이 유린되며 인류 는 큰 위기를 맞이했어요. 탱크와 폭탄을 퍼붓는 폭격기 앞에서 사람 들은 공포에 떨어야 했고 핵무기로 수십만 명이 목숨을 잃었습니다. 전체주의와 인종주의가 낳은 홀로코스트로 600여만 명의 유대인이 희생되었지요. 세계 대전이 끝나고 세계의 평화를 위해 국제 연합 (UN)이 조직되었지만, 세계는 다시 이념 전쟁을 벌이는 냉전 시대를 맞았어요. 극단의 시대에서 아슬아슬한 제3차 세계 대전의 위기를 넘기며 인류는 정보화, 세계화, 우주 정복 시대, AI 시대에 살아가고 있습니다. 전염병과 환경의 습격, 기후 위기를 슬기롭게 극복하고 인 류가 공존하기 위해 지구촌이 서로 협력하고 있어요. 자, 우리가 살 고 있는 현대에 탄생한 문학 작품을 알아볼까요?

F. 스콧 피츠제럴드의
『위대한 개츠비』

안네 프랑크의
『안네 프랑크의 일기』

조지 오웰의
『동물농장』

제1차 세계 대전부터 대공황까지, 미국 호황기의 욕망과 몰락을 그리다

F. 스콧 피츠제럴드의 『위대한 개츠비』
(1925)

1900년대부터 시작된 현대 사회는 어떤 세계였을까요? 그 시대의 내면을 잘 알려 주는 유명한 소설이 있습니다. 바로 F. 스콧 피츠제럴드(Francis Scott Key Fitzgerald, 1896~1940)가 쓴 『위대한 개츠비(The Great Gatsby)』입니다. 이 소설을 제대로 이해하기 위해서는, 먼저 소설 속 배경이 만들어지는 데 영향을 준 제1차 세계 대전에 대해 알고 있어야 합니다.

제1차 세계 대전으로 엄청난 부를 거머쥔 미국

✳

　현대에 들어서 전 세계가 전쟁터가 되는 제1차 세계 대전이 일어났습니다. 제1차 세계 대전이 일어난 이유는 강대국들의 힘겨루기 때문입니다. 자본주의가 발달하면서 강대국들은 자국에서 생산한 제품을 값싸게 팔아 이익을 많이 남기기를 원했습니다. 물건을 팔 시장을 확보하기 위해 아프리카, 아시아, 오세아니아 지역에서 식민지 쟁탈전을 벌였지요. 강대국들이 서로 더 많은 식민지를 가지려 열을 올렸습니다.

　이러한 가운데 1914년 사라예보 사건이 일어났습니다. 사라예보 사건이란 1914년 6월, 오스트리아-헝가리 제국의 황태자 부처가 가브릴로 프린치프라는 세르비아의 청년으로부터 암살당한 사건을 말합니다.

좌) 1914년 7월 12일 이탈리아 신문에 실린 '사라예보 사건' 삽화
우) 1914년 6월 28일 현장에서 체포된 가브릴로 프린치프

오스트리아-헝가리 제국은 세르비아에 황태자 부부 살해 사건의 책임을 묻고, 세르비아에 선전 포고를 하며 세계 대전이 시작됩니다. 세르비아 측은 러시아가 범슬라브주의를 중심으로 연합국을 끌어모았고, 오스트리아-헝가리 제국은 범게르만주의를 중심으로 독일, 이탈리아 등의 동맹국을 끌어모았습니다. 이렇게 해서 유럽 전역으로 전쟁이 확대되며 제1차 세계 대전이 벌어진 것입니다.

처음에 미국은 전쟁을 일으킨 오스트리아나 독일 쪽도, 세르비아 쪽의 동맹군이나 영국과 프랑스, 러시아를 주축으로 하는 연합국 쪽에도 참전하지 않았습니다. 그저 전쟁을 치르는 양측에 미국의 물자를 내다 팔며 엄청난 경제적 특수를 누리고 있었지요.

그러다가 영국이 독일의 항구와 연안으로 향하는 해상 교통을 차단시키자 독일은 '무제한 잠수함 작전'을 시행하겠다고 발표합니다. 독일의 발표를 듣고 사람들은 민간인 피해자가 나올까 매우 걱정하였는데 결국 사건이 일어났습니다. 1915년 5월 7일 미국과 영국을 오가는 정기 여객선 루시타니아 호를 침몰시키는 사건이 일어난 것입니다. 이 사건으로 무고한 미국 승객 128명이 생명을 잃자 미국은 전격적으로 연합국에 참전합니다. 미국이 참전하자 전세가 기울어 제1차 세계 대전은 연합국의 승리로 끝이 났지요.

전쟁을 승리로 이끈 미국

뉴욕 항구의 루시타니아호

은 1920년대에 이르러 경제적인 번영을 맞이했습니다. 부의 상징으로 자동차가 등장해 돈이 있는 사람들은 너도나도 자동차를 끌고 다녔어요. 『위대한 개츠비』에서도 럭셔리한 자동차가 나오는데, 이것은 당시 부의 상징이자 미국의 발전하는 산업과

1920년대 포드 자동차 모델
©Richard Smith 출처-위키미디어 커먼즈
https://commons.wikimedia.org/wiki/
File:1928_Model_A_Ford.jpg

경제 호황을 대변하는 아이템이었답니다. 한 통계에 의하면 1922년에서 1929년 사이에 주식의 수익 증가율이 무려 108%에 달했다고 합니다. 이 시대에 미국을 대표하는 재벌 가문인 JP 모건과 록펠러가 거대한 부를 이루었지요.

전쟁으로 무너진 세상, 젊은이들은 길을 '잃어버린 세대'가 되다

✳

이러한 부와 풍요는 물질 만능주의라는 사회 풍조를 불러왔습니다. 그러면서 소위 '잃어버린 세대(Lost Generation)'로 불리는 상실 세대를 낳았지요. 여기서 '잃어버린 세대'는 제1차 세계 대전이라는 거대한 전쟁으로 기존의 모든 가치를 잃어버리고 자괴감에 빠져 버린 세대를 말합니다. 이들은 제1차 세계 대전 이후 산업화된 미국 사

회에 환멸을 느끼면서 쾌락적인 생활에 빠져 살았지요. 이 말을 처음 사용한 사람은 미국의 작가 거트루드 스타인이지만, 어니스트 헤밍웨이가 그의 작품『해는 또다시 떠오른다』(1926)의 서문에서 거트루드 스타인의 말인 "여러분은 모두 잃어버린 세대의 사람들입니다(You are all a lostgeneration)."를 인용해서 유명해졌습니다.

소설『위대한 개츠비』의 작가 피츠제럴드도 잃어버린 세대를 대변하는 작가 중 한 명입니다. 명문대학교인 프린스턴 대학교에서 공부했으며 제1차 세계 대전에 참전한 적이 있습니다. 피츠제럴드는 자조적이고 시대에 흥미를 잃어버려 매사에 삐딱한 당대의 지식인 중 한 사람이었습니다. 소설에는 작가의 이런 관점을 그대로 투영한 닉 캐러웨이라는 화자가 등장합니다. 닉 캐러웨이가 살펴본 옆집 남자 개츠비에 대한 이야기를 독자들에게 소개하지요.

피츠제럴드는『위대한 개츠비』를 통해 잃어버린 세대의 일상과, '재즈 시대(Jazz Age)' 동안 연회에 젖어 사는 퇴폐적이고 환락적인 생활을 사실적으로 그려 냈습니다. 재즈 시대는 어떤 시대를 말할까요? 재즈 시대는 1920년대를 가리킵니다. 재즈와 춤이 유행했고 부유층을 중심으로 매일같이 파티가 열리며, 금주법이 있음에도 불구하고 몰래 술을 만들어 마시며 도덕성을 잃어버린 때를 말합니다.

1929년 스콧 피츠제럴드

금주법 기간 동안 디트로이트 경찰들의 비밀 지하 양조장에서 밀주를 단속하는 모습

그런데 잠깐만요. 이 시기 미국에 금주법은 왜 있었을까요? 미국은 유럽에서 건너와 사치와 쾌락을 멀리하고 성실하고 검소하며 엄격한 생활을 했던 청교도들이 건국한 국가입니다. 청교도들은 제1차 세계 대전이 끝나자 술로 인한 사회 문제를 없애기 위해서 수정 헌법 제18조를 통해 금주령을 내렸습니다. 하지만 일부 사람들은 몰래 이 시기에 밀주를 만들어 팔면서 일약 백만장자가 되기도 했습니다. 피츠제럴드는 재즈 시대에 대해 "그 시대는 기적의 시대, 예술의 시대, 과도의 시대, 풍자의 시대"라고 말했습니다.

『위대한 개츠비』에는 그러한 사회의 비밀스러운 범죄 행위로 막대한 부를 쌓은 개츠비가 주인공으로 등장합니다. 개츠비는 사랑하는 여성을 위해 그녀가 원하는 연회를 매일같이 열고 술, 음악, 화려한 저택과 부의 상징인 자동차까지 모든 것을 바치지요.

『위대한 개츠비』에는 이야기해 주는 화자가 있습니다. 바로 닉 캐러웨이라는 인물이지요. 그는 미국 중서부에서 자란 후 예일대학교에서 공부했으며, 제1차 세계 대전에도 참전했습니다. 지성적이고 이성적인 사고를 지닌 닉은 남을 배려할 줄 아는 따뜻한 마음도 지녔습니다.

닉은 1922년 초여름에 웨스트 에그 지역으로 주식 채권 기술을 배우기 위해 이사합니다. 닉의 이웃은 매일 파티를 여는 어마어마한 부자 제이 개츠비입니다. 자신과는 다른 세계의 사람인 줄 알았던 개츠비가 의외로 친근하게 닉에게 다가와, 닉과 개츠비는 곧 친구가 되었습니다.

롱아일랜드에 있는 거대한 개츠비의 집에서는 매일 화려한 불빛과 재즈 음악, 시끌벅적한 소란 속에 호화찬란한 파티가 열렸습니다. 수많은 사람들은 파티장을 찾아옵니다. 그들 중 개츠비가 어떻게 해서 부자가 되었는지 그 내막을 아는 사람은 아무도 없었지요. 개츠비는 항상 집 건너편인 이스트 에그의 어느 집 선착장에서 반짝이는 초록색 불빛을 바라보며, 무언가를 기다리고 있었습니다.

한편 닉은 전통적인 부자 동네인 이스트 에그에 사는 톰 뷰캐넌 부부와도 아는 사이입니다. 대학 동창인 톰 뷰캐넌은 예일대학교 미식축구 선수로 활약했으며, 그의 아내 데이지는 닉의 친척 여동생이지요.

도덕적인 성품을 지닌 닉은 개츠비가 여는 호화스럽고 퇴폐적인 파티를 경멸했습니다. 그러자 개츠비는 닉에게 파티를 여는 이유를 이야기했습니다. 5년 전 개츠비는 제1차 세계 대전 때 군인으로 복무하던 중, 데이지와 만났다가 안타깝게 헤어졌는데, 그 후 상류층인 데이지와 다시 만나기 위해 어떻게든 부를 쌓아야겠다고 결심했다고 합니다. 개츠비는 불법적인 조직과 손을 잡고 위험천만한 일을 하며 백만장자가 되었습니다. 매일 밤 화려한 파티로 온갖 사람들을 끌어모은 건 혹시라도 그들 중 데이지가 있기를 기대했기 때문입니다. 닉은 데이지를 열망하는 개츠비를 외면할 수 없어, 결국 두 사람이 재회하도록 도와주었습니다.

어느 여름날, 맨해튼의 호텔에서 톰은 아내 데이지를 향한 개츠비의 사랑을 알게 되고, 지인들 앞에서 주류 밀수업자였던 개츠비의 정체를 폭로합니다. 이에 개츠비는 데이지에게 남편을 더 이상 사랑하지 않으며 자신에게 가겠다고 톰에게 말하도록 회유했습니다. 혼란스러워하는 데이지를 보고 톰은 비웃으면서 두 사람이 같은 차를 타고 집으로 돌아가도 좋다고 허락했지요.

두 사람은 재즈 시대의 부의 상징인 자동차, 그것도 값을 따질 수 없을 정도로 비싼 노란색 롤스로이스를 몰고 갔습니다. 그런데 그때 톰의 친구 조지 윌슨이 아내 머틀과 크게 다투고 있었습니다. 머틀은 윌슨을 피해 밖으로 달려 나오다 그만 데이지가 몬 차에 치여 죽고 말았습니다. 데이지와 개츠비는 너무 당황한 나머지 머틀을 돌보지 않고 도망가 버렸습니다. 그 뒤에 두 사람을 쫓던 톰과 닉,

그리고 지인 조던이 현장에 도착했습니다. 톰은 개츠비의 차가 교통사고를 낸 것을 알아채고 내심 고소해 했습니다. 하지만 그 피해자가 자신과 불륜 관계인 머틀임을 알고 충격을 받았습니다. 톰은 아내의 죽음에 이성을 잃은 윌슨에게 개츠비가 아내를 죽였다고 알려 주며 총까지 건네주었습니다.

이 사실을 모르는 개츠비는 집에 돌아와 풀장에 있었습니다. 데이지가 자신을 사랑하지 않는 것 같아 우울함에 빠져 있었지요. 그때 몰래 집에 숨어 들어온 윌슨이 수영장에 있는 개츠비를 향해 총을 쐈습니다. 개츠비를 죽인 윌슨도 스스로 목숨을 끊었습니다.

개츠비의 장례식 날, 그의 파티에 참석했던 수많은 하객은 한 명도 찾아볼 수가 없었습니다. 데이지는 톰과 함께 여행을 떠나 버렸고, 개츠비의 동업자였던 메이어도 참석을 거절했습니다. 오직 닉과 개츠비의 아버지인 헨리 게츠비, '부엉이의 눈'으로 불리는 어느 한 사람, 그리고 개츠비의 집사들만이 장례식에 참석했습니다. 개츠비의 장례식이 끝나고 모든 것에 환멸을 느낀 닉은, 퇴폐적이고 부도덕한 이스트 에그를 떠나 서부로 돌아갈 결심을 합니다.

동시대를 산 작가가 그려 낸 시대의 초상

『위대한 개츠비』의 작가 피츠제럴드는 재즈 시대의 환락과 퇴폐 속에 사는 젊은이들을 어떻게 바라보았을까요? 작가의 시선이 곧

『위대한 개츠비』의 화자(話者), 닉의 눈입니다.

닉은 정작 자신들은 물질만능주의에 젖어 비도덕하게 살면서, 하류층 사람들이 불법적인 일을 저지르며 산다고 경멸하는 부유층 사람들에 대해 줄곧 비판적이었습니다. 그것이 곧 작가 피츠제럴드의 생각이었어요. 소설에서도 상류층과 하류층은 공간적으로 나뉘어 있

1925년 4월 출판된 『위대한 개츠비』의 초판 표지

습니다. 소위 '하류 인생'으로 너무도 가난하고 불우한 어린 시절을 보낸 후 자수성가해 신흥 부자가 된 개츠비가 살고 있는 지역은 웨스트 에그입니다. 반대로 태어나기 이전부터 부유했던 전통적인 부자 집안들이 사는 지역, 데이지의 남편 톰 뷰캐넌이 사는 지역은 이스트 에그이지요.

또 돈과 사랑 사이에서 갈팡질팡하는 데이지는 피츠제럴드가 한낱 월급쟁이여서 미래가 없다며 파혼을 통보했던 그의 아내 젤다를 닮았습니다. 그래서 이 소설을 피츠제럴드의 자전적 소설이라고 하기도 합니다.

처음 이 소설이 나온 것이 1925년이고 소설 내용은 1922년부터 시작하니 『위대한 개츠비』는 주인공과 동시대에 살고 있던 작가가 작정하고 쓴 '시대의 초상'과 같은 작품입니다. 하지만 『위대한 개츠

비』가 세상에 나왔을 때는 아직 작품이 지닌 가치를 알아보지 못해서 인지 많이 읽히지 않았습니다. 피츠제럴드가 눈을 감을 때까지도 책 판매량은 25,000부를 넘기지 못했지요. 브로드웨이 연극이나 영화로도 만들어졌지만 사람들의 관심을 끌기에는 역부족이었습니다.

그런데 정작 1920년대에서 조금씩 시간이 흘러가면서, 사람들은 이 작품이 얼마나 그 시대를 정밀하게 묘사했는지 그 진가를 알게 되었습니다. 또 수많은 불나방들이 좇았던 '이상적인 미국의 꿈', 하지만 동시에 하루아침에 '추락해 버린 미국의 꿈'을 사실적으로 묘사한 것을 높이 평가했습니다. 그 덕분에 1945년과 1953년에 재출간이 되고 나서 독자가 폭발적으로 늘어났습니다. 고등학교 교육 과정에서 탐구해 보는 명작이 되었고, 전 세계 대학교에서 영문학을 공부할 때 꼭 한 번은 읽어 보는 필수 작품이 되었지요. 이제 『위대한 개츠비』는 '미국의 국보 같은 작품' 또는 '미국 문학의 영원한 기념비'라는 격찬을 받습니다. 뿐만 아니라 꿈을 이룰 수 있다고 자신하며 꿈을 향해 끊임없이 나아가는 사람들을 일컫는, '개츠비 같은 (Gatsbyesque)'이라는 말까지 생겨났답니다.

그렇다면 피츠제럴드는 왜 개츠비에게 '위대한'이라는 수식어를 붙여 주었을까요? 혹자는 작가가 잘못된 제목을 썼다고 비판하기도 합니다. 한 여자를 위해 돈을 흥청망청 쓰면서 각종 범죄 행위에 연루되어 있고, 데이지와 교통사고를 내고 도망쳤다가 살해당하는 개츠비에게 '위대한'이라는 수식어는 말도 안 된다는 거지요.

한편으로 닉이 개츠비에게 쏟아붓는 찬사를 의미하는 것이라고 말하기도 합니다. 소설을 읽어 보면 닉이 개츠비를 향해 온갖 좋은 말들을 다 한답니다. '평생 동안 네다섯 번밖에 볼 수 없는 미소를 보여 준 사람'이라든지, '지진계와 같이 예민한 감수성을 지닌 사람'이라고 표현하는가 하면, '저들 모두를 합한 것보다 당신이 더 가치 있다'라고도 말하거든요.

그러나 『위대한 개츠비』를 여러 번 읽다 보면 '위대한'이라는 수식어는 개츠비를 비아냥거리거나 닉을 통한 평가가 아니라, 작가 자신이 그를 이상적으로 높이 평가해서 붙인 것임을 이해할 수 있습니다. 타락하고 퇴폐한 환락에 젖어 살고 안전망 속에서 하류층을 깔보기만 하며 부모가 물려준 것이 당연한 듯 펑펑 써대는 상류층에 비해 오직 사랑하는 여인을 되찾겠다는 꿈을 위해 달려온 개츠비가 더욱 가치 있다고 평가한 것입니다. 개츠비에게는 사랑하는 여성과 함께하는 삶이 그 무엇보다도 소중한 것이었습니다. 피츠제럴드에게는 그런 용기와 생명력 넘치는 개츠비의 영혼이 참으로 위대해 보였습니다. 그래서 그는 개츠비의 제목에 '위대한(The Great)'을 붙인 것입니다.

"그녀를 포기했더라면 난 위대해질 수 있었어. 하지만 그럴 수 없다는 걸 깨달았지."

_영화 <위대한 개츠비> 중에서

유럽을 전쟁터로 만들고
미국의 번영을 가져온 제1차 세계 대전

제1차 세계 대전으로 유럽은 큰 피해를 입었습니다. 참호전과 총력전, 장기전이 이어지며 연합국과 동맹국 가릴 것 없이 도시 곳곳의 산업 시설과 기반 시설이 무너졌습니다. 반면 무제한 잠수함 작전으로 뒤늦게 제1차 세계 대전에 참전한 미국은 전쟁이 벌어지는 유럽 대륙이 아니었기 때문에 피해가 크지 않았습니다. 오히려 전쟁 기간 동안 미국은 무기를 생산해 판매하고 군자금을 빌려주는 채권국이 되었고 연합국이 승리하자 경제가 대호황을 누리게 되었습니다. 그럼 제1차 세계 대전이 가져온 결과를 알아볼까요?

—— 제국들이 사라지고 미국의 경제를 성장시키다,
제1차 세계 대전

1914년 6월 오스트리아의 황태자 부부가 암살된 사라예보 사건을 계기로, 오스트리아-헝가리제국이 세르비아에 선전포고를 했습니다. 이에 범게르만주의를 내세우는 국가들은 동맹국으로, 범슬라브주의를 내세운 국가들은 연합국 진영이 되어 제1차 세계 대전(1914~1918)이 일어났습니다. 제1차 세계 대전은 장기전이며, 후방의 여성들과 민간인들까지 전쟁에 참여한 총력전이었습니다. 또한 "삽으로 전쟁한다"는 말이 나올 정도로 긴 참호를 파서 혹독하게 싸운 참호전이었습니다. 제1차 세계 대전은 종반에 미국이 연합국 측으로 참전하여 연합국의 승리로 끝났습니다.

전후 평화와 세계 질서를 위해 미국을 비롯한 승전국들이 세계 평화를 위해 주도적으로 조약을 맺은 베르사유 체제가 만들어졌습니다. 오스트리아-헝가리 제국 등 제국들이 무너지며 동유럽 국가들이 독립하게 되었습니다. 각 나라에서는 보통 선거를 하게 되고, 여성의 참정권이 인정되었습니다. 패전국 독일은 베르사유 조약에 따라 막대한 배상금을 물고 군비를 축소당했지요. 반면 미국은 전쟁 이후 산업 발전과 경제 호황이 계속되면서 매우 풍족한 사회가 되었습니다.

—— 미국이 참전하게 된 결정적 계기, 무제한 잠수함 작전

무제한 잠수함 작전은 제1차 세계 대전이 오래 지속되자 독일이 연합국의 중심 역할을 맡은 영국을 무력화시키기 위해 고안한 작전입니다. 독일은 영국의 강한 해군 때문에 바다 위에서는 이길 가능성이 없자, 잠수함을 이용해 영국과 프랑스 주변 해안을 봉쇄했습니다. 그 해역을 통과하는 선박은 민간 선박이든 중립국 선박이든 가리지 않고 잠수함으로 무차별 공격하는 무제한 잠수함 작전을 펼친 것입니다. 이 작전으로 식료품의 대부분을 해외에서 수입하는 영국은 직격탄을 맞았습니다. 그러나 1915년 5월 7일 독일의 어뢰가 미국인 100여 명이 타고 있는 정기 여객선 루시타니아 호를 침몰시킴으로써 결과적으로 미국의 참전을 불러왔습니다. 결국 이로 인해 독일은 제1차 세계 대전에서 패망하게 되었습니다.

—— 전쟁으로 세계 경제의 패권을 거머쥔 인물, JP 모건 Jr과 존 D 록펠러

제1차 세계 대전에서 창출된 경제적 이익으로 미국에서 세계 경제의 패권을 쥐게 된 사람들이 있습니다. JP 모건 Jr과 존 D. 록펠러가 그들입니다. 이들은 전쟁 중 유럽 연합국에 무기와 군수품, 자금을 제공하여 천문학적인 이윤을 거두었습니다.

JP 모건을 세운 사람은 J.P. 모건 Jr의 아버지로 미국의 금융가, 사업가, 수집가였던 존 피어폰트 모건(John Pierpont Morgan, 1837~1913)입니다. 남북전쟁 때 그가 동업자와 함께 총 한 정을 3.5달러에 사들여, 북군에게 22달러에 팔아 치우며 막대한 부를 쌓은 일화가 아주 유명하지요. 1895년부터 회사 이름을 J.P.모건 회사라고 지은 그는 철도 회사와 전신 회사를 통해 부를 키워 나갔고 아들인 J.P. 모건 Jr은 아버지를 이어 제1차 세계 대전 때 더욱 큰돈을 벌었습니다.

존 데이비슨 록펠러(John Davison Rockefeller, 1839~1937)는 미국을 대표하는 재벌이자 사업가입니다. 석유 개발 바람을 타고 1870년에 스탠더드 오일 회사를 창립해 석유 사업으로 셀 수 없이 많은 돈을 벌어들였습니다. 그는 말년에 록펠러 재단을 설립해 시카고 대학교를 비롯한 학교, 교회, 병원, 의학 연구소 등의 문화 사업에 기부하였습니다.

인류 최대의 비극,
제2차 세계 대전을 숨죽여 기록한
소녀의 일기

안네 프랑크의 『안네 프랑크의 일기』

(1947)

『안네 프랑크의 일기(The Diary of Young Girl)』(이하 『안네의 일기』)는 십 대 유대인 소녀 안네(Anne Frank, 1929~1945)가 제2차 세계 대전 동안, 독일의 나치가 점령한 네덜란드 암스테르담에서 몰래 숨어 살면서 쓴 일기입니다. 안네의 가족은 나치의 유대인 학살로 모두 붙잡혀 수용소에서 죽음을 맞게 됩니다. 유일하게 살아남은 안네의 아버지 오토 프랑크가 안네의 일기를 발견하고 히틀러가 저지른 유대인 학살의 참상을 전달하기 위해 1947년에 책으로 출간했습니다. 그렇기 때문에 안네의 일기를 잘 이해하기 위해서는 먼저 제2차 세계 대전이 어떤 전쟁인지를 알아야 한답니다.

인종 청소,
유대인을 향한 대량 학살이 시작되다

✳

제2차 세계 대전은 1939년부터 1945년까지, 장장 6년 동안이나 세계를 전쟁의 공포에 몰아넣었습니다. 이 전쟁으로 대량 살상 무기인 원자폭탄이 세상에 처음 모습을 드러냈고, 독일의 나치에 의해 '홀로코스트(Holocaust)'라는 대량 학살이 일어났습니다. '홀로코스트'라는 말은 그리스어로 '신에게 동물을 불로 태워서 제물을 바치는 것'을 의미하는 용어였습니다. 그러다 1960년대부터 학자들이 제2차 세계 대전에서 나치가 벌인 유대인 대량 학살을 칭하는 용어로 널리 사용하였습니다.

그렇다면 독일 나치는 왜 유대인을 그렇게 많이 학살했을까요? 홀로코스트를 구상하고 기획한 장본인은 바로 독일 나치당의 당수이자 총통인 아돌프 히틀러(Adolf Hitler, 1889~1945)입니다. 히틀러는 세계에서 가장 우수한 인종이 게르만족이며, 게르만족이 다른 민족을 지배할 사명이 있다는 '게르만족 우월주의'에 사로잡혔습니다. 그래서 쓸모없다고 여겨지는 다른 인종들 즉 유대인, 집시, 장애인 등을 상대로 대량 학살을 벌이는 이른바 '인종 청소'를 시작했습니다. 제2차 세계 대전 중 학살된 유대인만 600만 명에 달했다고 합니다. 당시 유럽에 살던 유대인이 900만 명이었는데, 그중 삼분의 이가 학살당한 것입니다. 어린이만 해도 자그마치 100만 명이 죽임을 당했습니다.

1944년 5월 아우슈비츠 수용소에 도착한 유대인들. 이중 대부분이 가스 실에서 희생되었다

이 책의 주인공인 안네 역시 유대인입니다. 그녀가 태어난 곳은 독일의 프랑크푸르트이지요. 당시 독일에서는 1933년에 나치당이 정권을 잡으면서 유대인에 대한 차별이 시작되었습니다. 유대인들은 교육, 거주지, 교통을 이용하는 데 자유를 박탈당했습니다. 이러한 조치에 항의해 1938년에 17세의 유대인 소년 헤르셸 그리슈판이 파리 주재 독일 대사관의 3등 서기관 에른스트 폼 라트를 살해했습니다. 그러자 이에 대한 앙갚음으로 독일인들은 유대인을 향해 집단 테러를 하기 시작했습니다.

안네 아버지인 오토 프랑크는 제1차 세계 대전 때 독일군으로 참전해 열심히 독일을 위해 싸우고 돌아왔지만, 그도 유대인이었기 때문에 어떤 일을 당할지 알 수 없었어요. 이미 안네의 삼촌들은 유대인을 향한 탄압을 피해 미국으로 이민을 간 상태였습니다. 오토 프랑

1940년 안네 프랑크

크도 고민 끝에 네덜란드 암스테르담으로 거처를 옮겼습니다. 안네가 6세 때의 일입니다. 암스테르담에서 안네는 아빠, 엄마, 언니 마르고트와 함께 행복하고 평화로운 나날을 보냈습니다. 그런데 1939년 9월, 폴란드를 침공하며 제2차 세계 대전을 일으킨 독일이 1940년에 네덜란드를 점령합니다. 그리고 네덜란드에 살던 유대인을 색출해냈습니다. 오토 프랑크는 가족을 위험에서 구하기 위해 미국으로 망명을 떠나려고 했으나, 이미 네덜란드 미국 대사관은 폐쇄된 다음이었지요. 오토 프랑크는 시시각각 다가오는 나치의 탄압이 심상치 않다는 것을 직감하고 있었습니다.

안네 가족,
나치의 탄압을 피해 은신처에 숨다

당시 독일이 유대인들에게 저지른 만행은 너무도 잔혹하고 처참했습니다. 유대인 학살은 아우슈비츠를 비롯한 집단 강제 수용소에서 잔인한 방법으로 행해졌습니다. 매일같이 열차에 유럽 각 지역에

가스실에 사용한 가스 캔들과
희생자들의 머리카락

서 색출된 유대인들을 태워서 수용소로 보냈습니다.

집단 강제 수용소에 도착하면 유대인들은 건강 검진을 받게 됩니다. 청진기를 대고 하는 일반적인 건강 검진이 아니랍니다. 유대인들이 그냥 쭈욱 걸어 들어가다 보면 두 명의 SS(Schutzstaffel, 나치 친위대) 의사가 앉아서 유대인 중 튼튼해서 강제 노역을 시킬 수 있는 사람들은 살리고, 어린이나 몸이 약해 보이는 사람, 노약자 등은 가스실로 보냈습니다.

가스실에 넣는 은어는 '입욕'이었습니다. 마치 목욕을 하러 들어가는 것 같이 위장해, 방역한다는 구실로 유대인들을 발가벗긴 후 비누를 쥐어 주었지요. 심지어 샤워를 빨리 끝내고 나와서 커피를 먹자는 식으로 혹시라도 있을지 모를 유대인들의 저항을 미연에 방지했습니다.

그러나 가스실로 한번 들어가 독가스가 발사되면 살아 나올 수가 없었습니다. 이런 식으로 죽음을 당한 사람 중 여자의 머리카락은 시신이 태워지기 전에 남김없이 잘리고, 치아에 넣었던 금니도 제거했

안네의 가족 은신처로
통하는 비밀 문

습니다. 전쟁 말기에는 이들의 시신을 태울 때 나온 사람의 기름으로
비누를 만들기도 했고, 사람의 머리카락들로 군인들에게 배포하는
모포를 짜기도 했습니다. 또 설사 살아남았다 해도 끔찍한 생체 실험
으로 희생되는 일이 비일비재했습니다.

안네의 아버지 오토 프랑크는 게슈타포(Gestapo, 나치 독일 비밀 국
가 경찰)에 잡혀가면 어떤 일을 당할지 아주 잘 알고 있습니다. 그래
서 비밀 장소를 만들어 그곳에 가족을 숨기기로 했습니다. 오토는 공
장 사무실이 있는 건물의 창고를 책장으로 막고 그 뒤편에 비밀 공간
을 마련했습니다. 안네 가족 4명과 또 다른 가족 4명 등 총 8명이 이
곳에 숨어서 게슈타포에게 들켜 붙잡혀 가기 전까지 2년 동안이나
생활했습니다. 생필품은 오토의 공장에서 일하던 사무직원 세 명이
구해 준 덕분에 근근이 생활해 나갈 수 있었지요.

무려 2년이나 좁은 은신처에서 8명의 사람들과 갇혀 지내는 것은
결코 쉬운 일이 아닙니다. 감수성이 남다른 사춘기 소녀에게는 더
욱 쉽지 않은 일이었을 것입니다. 안네는 생일 선물로 받은 일기장에

'키티'라는 애칭을 붙여 친구에게 말하듯이 꺼내지 못하는 속마음을 털어놓습니다. 언제 발각될지 모른다는 두려움 속에서도 하루를 소중히 기록하며 자라는 사춘기 소녀의 성장과 사랑, 희망을 잃지 않는 마음이 담겨 있습니다.

『안네의 일기』 속으로

1942년 6월 12일 안네의 생일날, 안네는 아빠에게 빨간색 가죽으로 장식된 멋진 일기장을 선물로 받았습니다. 안네는 일기장에 '키티'라는 이름을 붙이고 대화하듯이 일기를 써 내려갔습니다.

일기의 첫 구절은 가장 가까운 친구 '키티'를 만난 설렘이 드러나 있습니다. 안네는 키티에게 부디 마음에 힘을 주는 편안한 친구가 되어 달라고 부탁합니다. 또 안네는 자신에게 관심을 가진 남자 친구들도 있고 같이 노는 친구들도 30여 명이 되지만, 마음의 비밀을 털어놓을 만한 친구는 없기 때문에 키티에게 모든 비밀을 말하겠다고 적었습니다.

그로부터 얼마 있지 않아서 안네는 부모님이 몇 달 동안 생필품을 실어 나르며 준비한 은신처에서 숨어 살아야 한다는 것을 알게 됩니다. 안네는 비가 주룩주룩 내리는 날 새벽, 겨우 옷가지만 챙겨 나와서 은신처에 몸을 숨겼습니다. 소리가 밖으로 새어 나가지 않아야 해서 기침조차 제대로 할 수 없었습니다. 목욕도 큰 통에 물을 받아서 하는 등 불편한 생활을 해야 했지요.

은신처에 숨은 안네의 가족은 엄마, 아빠, 언니, 안네 총 4명이었습니다. 곧이어 아버지의 친구 판 단 씨 가족과 치과 의사인 알베르트 뒤셀 씨도 함께 살게 되었습니다. 안네 가족보다 늦게 도착한 판 단 씨는 건물 밖의 소식을 알려 주었는데, 수많은 유대인들이 강제 수용소로 끌려가고 있다는 암울한 이야기였지요. 안네는 유대인들을 잡아가는 히틀러와 독일군이 너무나 원망스러웠습니다.

한편 은신처에서 생활하면 할수록 가족 간의 갈등도 심해졌습니다. 자그마치 8명이 좁은 곳에 갇혀 하루하루를 불안에 떨며 보내야 했기 때문입니다. 안네는 왜 사람들은 사이좋게 지내지 못하고 전쟁을 하는지, 또 대형 폭탄을 만드는 데 막대한 돈을 쓰며 파괴를 일삼는지 이해할 수 없었어요. 그리고 전쟁을 막아 내려면 일부 정치나 군인, 위대한 인물이 아니라, 일반 시민들이 들고 일어나 혁명을 일으켜야 한다는 생각도 했습니다.

이런 가운데 1944년 6월 6일, 이날은 연합군이 노르망디 상륙작전을 펼친 날이었습니다. 안네 가족은 라디오를 들으며 연합군이 독일군과의 전쟁에서 곧 승리할 것이라는 소식을 들었습니다. 그들은 서로 얼싸안으며 곧 자유를 되찾게 되리라는 희망을 품었습니다. 그러나 자유의 시간은 오지 않았습니다. 안네의 일기는 1944년 8월 1일, 안네와 가족들이 게슈타포가 출입구를 찾기 위해 건물을 뒤지는 소리를 들으며 공포에 떠는 것으로 끝이 납니다. 그로부터 3일 후 1944년 8월 4일, 안네 가족은 마침내 발각되어 강제 수용소로 끌려갔습니다.

작가가 되고 싶었던 소녀의 꿈은 스러지고

『안네의 일기』에는 사춘기 소녀의 풍부한 감수성이 담겨 있으며, 전쟁의 참상을 비판하는 안네의 깊은 문학적 소양도 확인할 수 있습니다. 그건 작가가 꿈이었던 안네가 평소 책을 좋아하고 글을 쓰는 것을 즐겼기 때문입니다.

1944년 5월 11일, 게슈타포에게 붙잡혀 가기 석 달 전의 일기에서 안네는 자신의 꿈이 저널리스트라고 키티에게 털어놓았습니다. 그랬기에 안네는 은신처에서도 끊임없이 책을 읽었습니다. 이날만 해도 『갈릴레오 갈릴레이』를 모두 읽겠다는 계획과, 샤를 5세를 읽고 그의 가계도를 완성하고, 테세우스, 오이디푸스, 오르페우스, 헤라클레스 등 신화 속 영웅들의 이야기를 정리하는 등 할 일이 매우 많이 있었지요. 안네는 저널리스트라는 꿈을 이루면, 작가가 되어서 '은신처'라는 제목의 책을 출간하고 싶다고 했습니다. 그때 비밀 일기장인 키티가 많은 도움을 줄 거라는 기대에 부풀어 있기도 했습니다. 하지만 안타깝게도 안네는 강제 수용소에서 생을 마감해 그 꿈은 허무하게 사라지고 말았습니다. 다만, 안네의 일기장만이 전쟁이 끝난 후 아버지에 의해 세상에 나오게 되었습니다.

은신처에서 살던 8명 중에 유일하게 살아남은 사람은 안네의 아버지인 오토 프랑크였습니다. 은신처 식구들 중 판 단 씨는 가스실로 끌려가 죽음을 당했고, 판 단 씨 부인은 안네 가족과 함께 베르겐 벨젠 수용소에 수용되었다가 죽음을 당했습니다. 판 단 씨 부부의 아들

베르겐 벨젠 수용소에 있는 안네와 언니 마르고트의 묘비
©Arne Liste 출처-위키피디아 커먼스
https://commons.wikimedia.org/wiki/
File:Anne-frank-grab.jpg

이자 안네의 남자 친구였던 페터도 어느 수용소로 끌려가 생사를 알 수 없게 되었지요. 안네의 어머니는 수용소에서 정신 이상을 앓다가 숨을 거두고, 안네가 의지하고 지낸 언니 마르고트는 장티푸스에 걸려 죽고 말았습니다. 안네도 제2차 세계 대전이 끝나기 5달 전인 1945년 3월에 영양실조와 장티푸스에 걸려 16세의 나이로 짧은 생을 마치고 말았답니다.

가족 중에서 자신만이 살아남았다는 것을 알게 된 오토 프랑크는 절망에 빠졌습니다. 그런 그에게 은신처에 생필품을 공급해 주던 사무실 직원인 미프 히스가 몰래 숨겨 보존한 안네의 일기장을 건네주었습니다. 작가를 꿈꾼 안네의 단편 소설 등 습작도 함께 전했지요. 오토 프랑크는 일기 중에서 사춘기인 안네가 민감하게 적어 놓은 성에 대한 내용과 안네 엄마와의 갈등 내용 등을 제외하고, 나머지는 그대로 묶어서 1947년에 책으로 출판했습니다. 처음 출간했을 때는 제목이 그냥 『일기(Het Achterhuis, 네덜란드어로 '일기'란 뜻)』였는데, 우리나라에서 번역해 나올 때 『안네 프랑크의 일기』라는 제목으로 나오게 되었지요.

은신처에 남은 안네의 일기를 보관한 미프 히스는 안네의 개인 정보를 중요시해서 일기 장을 읽어 보지 않았다고 합니다. 1947년에 출간된 『안네의 일기』를 본 그녀는 깜짝 놀 랐답니다. 일기 속에 자신들이 안네 가족을 도운 내용이 나와 있기 때문입니다. 만약 자 신이 일기를 읽었다면, 유대인을 도운 사실 이 발각될 것을 염려해 일기를 없앴을 거라

『안네 프랑크의 일기』
초판 표지

고 말했지요. 이후 그녀는 목숨을 걸고 안네의 가족을 도운 공이 인정 되어 이스라엘 정부로부터 '열방의 의인'으로 표창을 받고, 1997년 에는 네덜란드의 베아트릭스 여왕에게서 작위를 받았습니다.

한편 홀로코스트를 부인하는 사람들은 『안네의 일기』는 허구이 며, 안네의 아버지 오토 프랑크가 날조한 것이라고 주장했습니다. 오 토 프랑크를 지지하는 사람들은 안네 가족을 체포한 사람을 찾아내 어 그들의 눈앞에 보여 주기도 했지요. 그럼에도 불구하고 그들은 나 치를 신봉하는 사람들을 중심으로 1970년대까지 줄기차게 안네의 일기가 허구라고 주장했습니다.

이 일은 결국 재판까지 가게 되었는데 오토 프랑크는 역사가에게 의뢰해 일기가 원본이라는 것을 밝혀냈습니다. 하지만 재판 과정에 서 독일 내무성 소속 범죄조사국(Bundes Kriminal Amt, BKA)이 일 기를 쓸 때 사용한 잉크는 제2차 세계 대전 중에 사용된 것이지만, 나중에 적어 놓은 정정 사항들은 흑, 녹, 청 볼펜으로 기록한 것이라

고 발표해 파란이 일었지요. 왜냐하면 볼펜은 1950년대에 처음 생산되었기 때문입니다. 그러자 봇물 터지듯이『안네의 일기』가 날조된 것이라는 주장이 팽배해졌습니다. 결국 1986년『안네의 일기』원본을 오토 프랑크에게서 기증받아, 네덜란드의 전시 자료 연구소에서 과학적인 정밀 조사를 하게 됩니다. 그 결과, 일기에 사용된 종이 자체가 제2차 세계 대전 때 것이며, 단지 2장 정도가 훗날 일기 조사를 했던 사람들이 적은 부분이라고 밝혀져『안네의 일기』에 대한 진위 논쟁은 끝이 났습니다.

『안네의 일기』는 출간 이후 오늘날까지도 많은 독자들에게 읽히는 명작으로 자리하고 있습니다. 안네가 몸을 숨겼던 암스테르담의 프린선흐라흐트(Prinsengracht) 263번지의 은신처에는 안네 프랑크 기념관이 세워졌습니다. 전 세계의 수많은 사람들이 전쟁의 공포 속에서도 희망을 잃지 않던 안네의 삶을 직접 보고 느끼기 위해 지금도 이곳을 찾고 있습니다.

인류사의 가장 거대한 비극을 남긴 제2차 세계 대전

제2차 세계 대전은 인류 역사상 가장 끔찍한 참상을 가져온 비극적인 전쟁입니다. 한 인종주의자의 광기가 전쟁 과정에서 600여만 명에 이르는 유대인을 죽음, 그리고 죽음보다 더한 강제 노동의 고통으로 밀어 넣었습니다. 또 미국이 전쟁을 빨리 끝내기 위해 일본에 떨어트린 원자탄으로 수십만 명이 목숨을 잃거나 지금까지 견디기 어려운 후유증에 신음하고 있습니다. 인류사에 적힌 가장 참혹한 비극, 제2차 세계 대전의 장면들을 살펴봅시다.

—— 다시 한 번 전 세계를 전쟁터로 만든 독재자, 아돌프 히틀러

오스트리아 출신의 아돌프 히틀러(Adolf Hitler, 1889~1945)는 독일의 나치당(국가 사회주의 독일 노동자당)을 이끌며 제2차 세계 대전을 일으킨 장본인입니다. 그는 1914년 제1차 세계 대전이 일어나자 독일군으로 자원입대를 한 만큼, 열렬한 독일 민족주의지이자 게르만 우월주의자, 반 유대주의자입니다.

히틀러는 대중 연설과 선동에 뛰어나서 1921년에 나치당 총서기가 되면서 당을 제1당으로 끌어올렸습니다. 1929년에 미국에서 일어난 경제 공황의 여파로 독일의 경제가 파산 직전에 이르자, 제1차 세계 대전 패전국으로서 맺은 베르사유 조약의 파기를 선언하면서 재무장에 나섰습니다. 그는 철저히 경제를 통제하면서 군수 사업을 일으키고, 실업자를 고용하는 여러 정책을 펼쳤습니다. 이로 인해 단시간 내에 실업자 수가 엄청나게 줄어들었지요.

히틀러는 국민들의 열렬한 지지를 받으면서 나치당으로 독재하며 제3제국을 선포하고 총통이 됩니다. 1939년 9월 1일, 폴란드를 침공해서 제2차 세계 대전을 일으켰습니다. 전쟁 동안 그의 명령으로 행해진 홀로코스트는 전 세계에 나치 저항 운동을 불러일으켰습니다.

—— 수많은 학살이 자행된 아우슈비츠 강제 수용소

아우슈비츠 강제 수용소는 폴란드의 오시비엥침에 유대인의 강제 노동과 학살을 위해 지어진 수용소입니다. 오시비엥침의 독일어 명이 아우슈비츠이기 때문에 보통 아우슈비치 강제 수용소라고 불리지요. 원래 이곳은 폴란드군의 병영이 있던 곳이었습니다. 폴란드 수도 바르샤바에서 약 300km 떨어진 곳에 위치했으며, 나치가 세운 강제 수용소 중 최대 규모의 수용소입니다.

이곳에는 유대인 외에 소련군 포로, 정신장애자, 동성애자, 나치에 반대하는 자들이 함께 수용되었습니다. 제2차 세계 대전 중 이곳에서 백만 명 이상이 학살된 것으로 추정됩니다. 이 숫자는 유럽 전체 유대인의 약 80%에 해당하는 어마어마한 숫자입니다. 1945년 1월 27일에 남은 수용자들이 풀려났고, 그 후 나치의 범죄 행위를 전 세계에 알리는 전시관으로 활용되고 있습니다. 1979년에 유네스코에 의해 세계 유산으로 지정되었습니다.

—— 인류 공멸의 씨앗, 전쟁을 끝내기 위해 투하된 원자 폭탄

미국의 원자 폭탄을 투하하기 위한 계획을 '맨해튼 계획'이라고 합니다. 놀라운 것은 첫 실험을 1945년 7월 16일 뉴멕시코주 트리니티 사막에서 했는데 채 한 달이 안 된 8월 6일에 히로시마와, 그로부터 3일 후인 8월 9일에는 나가사키에 원자 폭탄을 투하했다는 것입니다. 히로시마에 떨어뜨린 무게 4톤의 원자 폭탄은 '리틀보이'로 불렸습니다.

폭탄이 떨어지자 번쩍하는 단 한 번의 빛과 엄청난 크기의 버섯 모양 구름이 일어났습니다. 한순간에 16만 명이 목숨을 잃었고, 35만 명이 피폭당했습니다. 희생자 중에는 일제가 강제로 일본군에 편입시킨 대한제국 고종 황제의 손자 이우 전하도 있었습니다. 단 한 발이 터졌을 뿐인데도 히로시마시의 건물 7만 6000채 가운데 92%가 파괴되었고 목숨을 건진 사람들도 피폭되어 기형아를 출산하는 등 후손들까지 고통받고 있습니다.

이내 일본은 항복했고 세계는 원자 폭탄의 위력을 잘 알게 되었지요. 그 후 소련

(1949)을 비롯한 영국(1952), 프랑스(1960) 등 강대국은 원자 폭탄을 개발했습니다. 만일 제3차 세계 대전이 일어나 다시 원자 폭탄이 터진다면 인류는 공멸합니다. 우리도 작은 경험이 있습니다. 2011년 동일본 대지진의 여파로 후쿠시마 원자력 발전소에서 나온 방사능 오염수가 바다로 흘러들어 가 마음 편히 생선을 먹지 못하는 세상에 살고 있습니다. 인류의 공존과 세계 평화를 위한 노력이 얼마나 소중한지 역사에서 배워 깨달으며 평화를 실천해야 할 때입니다.

제2차 세계 대전 이후
스탈린의 독재 정치를 비판한
의인 소설

조지 오웰의 『동물농장』

(1945)

영국의 작가인 조지 오웰(George Orwell, 1903~1950)이 쓴 『동물
농장(Animal Farm)』은 참 흥미로운 소설입니다. 국어 시간에 '풍자
와 비유'를 배운 적이 있지요? 그 공식대로 동물들을 현대의 역사적
인물에 비유하여 독재자 스탈린이 다스리는 소련 전체주의를 비판
한 소설이거든요. 그래서 역사 공부를 하지 않은 사람들은 그 내용을
이해하기 어렵습니다. 동물농장에서 반란을 일으키는 리더의 이름
이 왜 나폴레옹인지, 같은 리더이며 이론가인 돼지 스노우볼이 제거
된 이유는 무엇이고 또 누구를 상징하는 것인지를 알고 있어야 합니
다. 게다가 작가 조지 오웰이 왜 이런 소설을 쓰게 되었는지, 그의 인
생관도 함께 살펴봐야 합니다.

혁명 끝에 러시아 제국이 무너지고
레닌에 이어 독재자 스탈린이 등장하다

 소설 『동물농장』은 농장의 동물들이 인간과 싸워서 이긴 후 스스로 농장을 운영하는 이야기가 주가 됩니다. 그런데 소설에서 일어나는 일들을 잘 이해하기 위해서는, 먼저 러시아 혁명사와 소련의 역사를 알고 있어야 합니다. 각 동물들은 러시아 혁명사의 주요 인물들을 의인화했으며, 소설 속 주요 사건들도 러시아가 혁명을 거쳐 사회주의 국가가 되면서 일어난 일들을 상징하고 있기 때문입니다.

 19세기 러시아는 거대 제국이었지만 유럽 나라 가운데 정치적으로나 경제적으로나 가장 발전이 늦은 상태였습니다. 게다가 부패하고 무능한 로마노프 왕조가 통치하고 있었고, 1861년 농노들은 해방되었지만 경제적인 어려움이 해결되지 않아 농민들이 여전히 고통받고 있었지요.

 『동물농장』에서 인간 주인 존슨 씨는 알코올 중독자로 그려지는데, 그가 바로 로마노프 왕조의 무능한 황제 니콜라이 2세를 상징합니다. 『동물농장』에서 그는 술에 취해 비틀비틀 걸어가면서 닭장의 쪽문은 닫았지만, 다른 동물들이 있는 쪽문을 닫는 것을 잊어버립니다. 이어서 들고 있는 등불이 크게 흔들거리는 장면이 나오는데, 이 장면은 무능한 니콜라이 2세의 통치 하에서 위태롭고 혼란스러운 러시아의 상황을 상징하는 것입니다.

 1905년 1월 눈이 하얗게 내린 날, 러시아 니콜라이 황제의 겨울

1909경 니콜라이 2세　　겨울 궁전을 향해 비폭력 시위를 하며 행진하는 사람들

궁전 앞으로 사람들은 시위의 행진을 벌였습니다. 이들은 차르 니콜라이 2세의 초상화와 탄원서를 들고 어린이의 손을 잡은 채 평화롭게 시위했습니다. 그런 군중에게 수비대 지휘관이 무차별적인 발포를 명령합니다. 군대는 무장하지 않은 사람들에게 총을 쏘았고, 수많은 사람들이 죽은 '피의 일요일 사건'이 일어났습니다.

　이 사건은 러시아 혁명의 신호탄이 되었습니다. 『동물농장』에서 동물들이 '영국의 동물들'이라는 노래를 합창하는 소리에 놀란 존스 씨가 여우가 침입했다고 생각해 마구 총을 쏘는 장면은 '피의 일요일 사건'을 비유하는 것입니다.

　이후 러시아는 러일전쟁(1904~1905)에 참패하여 큰 재정적 부담을 지게 되었고, 결국 제1차 세계 대전 중인 1917년에 2월 혁명이 일어났습니다. 2월 혁명으로 로마노프 왕가가 쫓겨나고 임시 정부가 세워졌지요. 그러다가 파리 망명에서 돌아온 혁명가 레닌의 지도에 따라 10월 혁명이 일어나면서 러시아는 사회주의 국가가 되었습니

1917년 2월 혁명 시위대
의 모습

다. 『동물농장』에서 존슨 씨를 큰 실의에 빠트리는 '큰 소송'은 러일 전쟁을 상징하는 것이고, 동물들이 마침내 반란을 일으키게 되는 것은 차르 니콜라이 2세를 내쫓은 2월 혁명을 말하는 것이랍니다.

『동물농장』에 비유되는
러시아 혁명의 주요 인물들

이처럼 『동물농장』은 다소 어려워 보일 수도 있지만, 그 관계들을 알고 나면 정말 재미있게 읽을 수 있는 소설입니다. 그럼 소설에 등장하는 동물들에 대해 알아볼까요?

우선 인간을 내쫓고 동물농장을 이끄는 수퇘지의 이름은 나폴레옹입니다. 독재자를 상징하는 대표적인 인물이 바로 보나파르트 나폴레옹이기 때문입니다. 나폴레옹은 쿠데타를 일으켜 종신 통령에 앉은 것에도 모자라 스스로 나폴레옹 1세로 군림했습니다. 그래서

'보나파르티슴(Bonapartisme)'이라는 정치 용어까지 등장했지요. 보나파르티슴은 대중의 인기를 등에 업고 애국을 부르짖으면서 군사 독재 정치를 하는 것을 말한답니다. 그런데 소련의 서기장인 스탈린도 꼭 그런 모습이었습니다. 그래서 동물농장의 반란을 주도하고 반대자를 숙청해 나가는 주인공 돼지의 이름을 '나폴레옹'이라고 지은 것입니다.

『동물농장』에서 인간과 싸우고 반란을 일으켜야 한다고 동물들을 설득하는 메이저라는 늙은 돼지는 소련을 공산주의 국가로 만들어야 한다고 주장한 레닌을 상징합니다. 혹자는 노동자의 단결을 촉구하며 『공산당 선언』을 발표했던 사회주의 이론가 칼 마르크스를 상징한다고도 주장합니다. 레닌은 자신의 후계자 중에서 날카로운 이론가인 트로츠키를 가장 유능한 지도자로 평가했습니다. 스탈린에 대해서는 서기장이 되었을 때 권력을 남용할 수 있다는 점에 대해 깊은 우려를 나타냈지요. 그리고 역시나, 레닌이 죽고 나서 트로츠키는 권력을 쥔 스탈린에 의해 당에서 쫓겨나 불우한 죽음을 맞이합니다. 『동물농장』에서 반란을 일으켰던 수돼지 이론가 스노볼을 제거하는 나폴레옹은 바로 트로츠키를 제거한 스탈린의 모습을 비유한 것입니다.

또한 『동물농장』의 개는 스탈린의 명령에 따라 움직이는 '비밀경찰'을 상징합니다. 소련에는 엔카베데(NKVD)라고 불리는 비밀경찰이 있어서, 스탈린에게 반대하는 사람들을 샅샅이 색출하여 처형대에 보내거나 시베리아로 유형을 보냈습니다. 우매한 양은 스탈린을

1922년 레닌과 스탈린의 모습   1924년 트로츠키

무조건적으로 따라가는 민중을 나타냅니다.

스탈린에게 무조건적인 충성을 하다가 이용 가치가 떨어지면 제거되는 노동자의 모습은 말인 복서에서 찾아볼 수 있습니다. 부지런하게 움직이며 동물농장을 위해 몸 바쳤던 복서가 도살장으로 팔려나가는 장면을 보면 지도층을 믿고 따른 민중을 배반하는 지도층의 모습을 떠올려 볼 수 있습니다. 복서의 동료로 아름다운 암말 클로버가 나오는데, 클로버는 동물농장에서 꼭 외워 두어야 하는 일곱 계명을 자꾸 까먹습니다. 이 클로버는 무기력한 중산층을 상징한답니다. 각설탕이 먹고 싶어 옆 농장에서 몰래 일하는 흰말 몰리는 부르주아를 표현한 것입니다.

또 글을 읽을 줄 아는 염소 뮤리엘은 지식층을 의미하는데, 소설 끝에 그가 죽는 장면은 지식층의 소멸을 나타냅니다. 항상 냉소적인 당나귀 벤자민은 현실을 도피하는 지식인들을 상징합니다. 다른 시각에서는 작가인 조지 오웰의 모습을 나타내기도 하지요.

1940년 조지 오웰

조지 오웰은 뮤리엘과 같은 영국의 지식층이라고 할 수 있습니다. 아버지의 부임지인 인도의 벵골령에서 태어나 영국의 명문인 이튼 칼리지에서 공부했습니다. 조지 오웰은 식민지 경찰 시험에 합격하여 버마에서 근무하다가, 제국주의의 앞잡이가 되는 것에 환멸을 느끼고 스스로 사회 밑바닥 층이 되어 살았습니다. 노숙자가 되어 런던과 파리를 방황하며 온갖 힘든 일을 통해 인생 경험을 얻었지요. 이런 경험담을 통해 그는 사회를 심층적으로 해부하고 사회 문제를 고발하는 글들을 계속 발표했습니다.

양심 있는 지식인이던 조지 오웰은 영국 독립 노동당(ILP)의 당원이 되었습니다. 권력 집단이나 국가의 실체를 부정하는 아나키스트였던 그는 실천적 행동을 위해 에스파냐 내전에 참여했다가 목에 총상을 입기도 했습니다. 조지 오웰은 잘못된 사회주의 체제로 나가는 소련의 모습을 그냥 보고만 있을 수 없었습니다. 그래서 스탈린의 전체주의를 전면에서 비판한 풍자 소설 『동물농장』을 세상에 내놓게 되었습니다. 정말 통쾌하게 재미있기 때문에, 읽으면서 역사 공부와 정치 비판을 함께 할 수 있는 명작으로 평가받습니다.

『동물농장』 속으로

농장에서 술에 취한 주인 존슨 씨가 잠에 곯아떨어진 사이에 동물들이 비밀회의를 열었습니다. 아주 늙은 수퇘지 메이저는 소비만 하는 인간이 동물들을 학대하고 형편없는 대우를 하고 있으니 반란을 일으켜야 한다고 일장 연설을 했지요. 메이저가 영국의 동물을 찬양하는 노래를 선창하자 동물들은 열광적으로 그 노래를 따라 부르며 반란의 기운이 높아졌습니다. 동물들은 메이저의 의견에 따라 일제히 들고 일어나, 존슨 씨와 농장 관리인들을 내몰고 스스로 농장을 경영하기 시작합니다.

농장의 이름도 그들 스스로 '동물농장'이라고 지었고, 지도력이 있으며 논리적인 돼지들인 나폴레옹, 스노볼, 그리고 나폴레옹의 충실한 심복인 스퀼러 등이 지도자가 되었습니다. 나머지 동물들도 모든 동물이 평등한 동물 공화국을 건설하기 위해 모두들 힘을 합쳐 노력했습니다. 동물들은 돼지들이 이끄는 대로 일요회의도 열었고, 글을 깨치는 문맹 퇴치 학습 시간도 가졌습니다. 모든 동물들이 동물농장의 주인이라는 주인 의식을 갖고, 평등에 바탕을 둔 이상적인 동물 사회를 만들기 위해 의미 있는 시간들을 보냈답니다.

그러나 곧 풍차 건설이 계기가 되어 권력 투쟁이 시작됩니다. 나폴레옹은 자신과 함께 동물들을 이끌었던 스노볼을 쫓아냈습니다. 나폴레옹은 자신의 심복인 스퀼러를 통해 동물들을 통제하는 한편, 개 9마리를 동원하여 공포 분위기를 조성했습니다. 나폴레옹에 의

한 완전한 독재 체제가 만들어진 것입니다. 동물들이 자신들의 의견을 발표했던 일요회의가 폐지되고, 모든 중요한 사실들을 나폴레옹과 그의 측근들이 결정해 버립니다. 나폴레옹은 틈만 나면 존슨 씨가 다시 공격해 온다며 동물들의 자유를 억압하고, 쫓겨난 스노볼을 반역자로 낙인찍어 버렸습니다. 동물들이 불만을 이야기하면 공포 분위기를 만들어 불만을 잠재워 버렸지요. 불평하는 동물은 첩자라고 하여 먹을 것을 주지 않거나, 숙청까지 해버렸습니다.

대부분의 동물들은 존슨 씨 농장 시절보다 더 어려운 생활을 하는데, 나폴레옹은 존슨 씨가 살던 집으로 이사해서 그의 침대에서 잠을 자고 술을 마셨습니다. 그런가 하면 새끼 돼지들을 공부시킨다고 교실까지 지었습니다. 그뿐만이 아니라 인간들과 거래까지 시작했습니다. 동물들의 평등을 바탕으로 한 이상 사회는 이미 물건너갔지요. 처음 동물 농장을 만들 때 함께 정한 칠계명은 수정되고, 협박과 굴종만이 판을 치는 농장이 되었습니다. 동물농장을 위해 몸바쳐서 노동하던 부지런한 말 복서는 인간의 도살장으로 팔려 나가 버렸습니다. 항상 냉소적인 벤자민이 가장 먼저 이 사실을 알아챘지요. 그런데도 나폴레옹의 앞잡이 스퀼러는 엉뚱한 거짓말을 했습니다. 자신들이 제거한 복서가 눈을 감으면서 이렇게 말했다는 거예요.

"동지 여러분, 전진합시다. 우리가 이룬 혁명을 잊지 말고 전진합시다. 동물농장 만세! 나폴레옹 동지 만세! 나폴레옹 동지는 항상 옳습니다!"

나폴레옹과 그를 추종하는 돼지들은 기가 막히게도 인간처럼 두 다리로 서서 동물들을 감시하기 시작했습니다. 동물농장이 함께 외친 '네 다리는 좋고 두 다리는 나쁘다!'던 구호가 완전 반대가 되어 '네 다리는 좋고 두 다리는 더욱 좋다!'가 되었습니다. 결과적으로 '모든 동물들은 평등하다'던 동물농장이, '모든 동물들은 평등하다. 그러나 어떤 동물들은 더욱 평등하다'로 변질된 것입니다. 인간들의 사회와 똑같아져 버린 것이지요.

실천하는 지식인이었던 조지 오웰의 삶

1945년에 조지 오웰이 이 책을 출간할 당시 영국은 제2차 세계 대전의 종전을 앞두고 소련과 긴밀히 협력하는 시기였습니다. 때문에 소련의 전체주의를 풍자한 소설을 출간하는 데 어려움을 겪기도 했지요. 그동안 오웰의 책들을 내 주었던 골란츠 출판사도 소련에 비판적인 내용인 소설의 출간을 거절했습니다. 출간을 약속했던 조나단 케이프사는 당국의 전화를 받고 나서 이를 취소하기도 했지요. 결국 이 책은 여러 곳을 전전하다가 섹커앤드와버그 출판사에 의해 겨우 세상에 나올 수 있었습니다.

출간되고 나서 작품 평이 아주 좋아서 판매는 매우 순조로웠습니

1945년에 출판된 『동물농장』의 초판 커버

다. 특히 이 작품은 지성인으로서 탁월한 글솜씨를 가진 조지 오웰의 부인 아일린 오쇼네시의 영향을 받아, 밝고 흥미로우며 대중들에게 친밀한 내용으로 구성되었습니다. 조지 오웰 작품인 『1984년』은 동물농장과 마찬가지로 전체주의를 비판하는 미래 소설인데, 내내 어두운 분위기가 담겨 있습니다. 그 이유는 안타깝게도 부인 오쇼네시가 숨을 거둔 다음에 나온 작품이기 때문입니다.

사실 조지 오웰은 본명이 아닙니다. 그의 본명은 에릭 아서 블레어(Eric Arthur Blair)입니다. 그가 가명을 쓰게 된 것은 소설이 실패할 경우 가족들이 자신이 썼는지를 잘 모르게 하기 위해서였다고 해요.

조지 오웰은 스스로 무정부주의자라고 주장하는 아나키스트 계열의 사회주의자였습니다. 그의 작품을 읽으며 오해하지 말아야 할 것이 하나 있는데, 이 작품을 반공산주의 작품으로 읽어 버리는 것입니다. 그는 『동물농장』에서 스탈린이나 트로츠키 등 소련의 지도층을 나타내는 우화적인 인물을 전면에 내세웠지만, 사회주의 체제를 비판하고 있지는 않습니다. 그가 풍자하고 해학적으로 비판하고 있는 것은 스탈린 같은 인물이 우매한 민중을 속이고 자신만을 위해 체제를 밀고 나가는 전체주의입니다.

참, 조지 오웰과 관련하여 흥미로운 사실도 있습니다. 그는 장학생으로 영국의 명문인 이튼 칼리지에서 공부했는데, 내신이 형편없었습니다. 졸업을 앞둔 시점에 성적이 167명 중 138등이었지요. 보통 이튼 칼리지를 졸업한 학생들은 옥스퍼드나 케임브릿지로 진학하지만, 조지 오웰은 워낙 성적이 나빴기 때문에 대학 진학을 포기하고 영국의 식민지인 버마에서 인도제국의 경찰이 되는 길을 택했습니다.

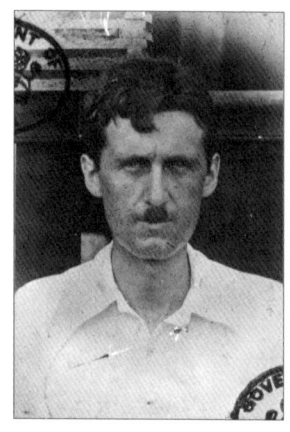

조지 오웰의 버마 여권 사진

그런데 이곳에서의 경험이 그의 작품에 중요한 영향을 주었습니다.

　조지 오웰은 갑의 입장인 식민지 제국의 경찰로서 을의 입장인 식민지인들을 통제하면서, 이것은 인간이 할 짓이 아니라는 사실을 깨닫게 되었습니다. 조지 오웰은 이후 전도양양한 사리를 박차고 영국으로 돌아와, 스스로 런던과 파리를 떠돌아다니는 빈민가의 노동자가 되어 개미같이 일하는 프롤레타리아 생활을 해나갔습니다. 특히 런던 빈민가에서는 노숙자로 지냈고 막노동도 마다하지 않았지요.

　그 경험으로 『동물농장』에서 당나귀 벤자민이 가지는 통찰력을 향유하게 되었고, 노동 현장에서 너무나 우매하면서도 착하게 일만 하는 노동자들을 보고는 소설 속에서 그들을 말 복서로 표현한 것입니다. 또 일하는 곳에서 지배인들의 권위주의적이고 비정한 모습을 보고, 돼지 나폴레옹의 앞잡이 노릇을 하는 돼지 스퀄러를 구상하게 되었지요.

한마디로『동물농장』은 스탈린이라는 독재자와 전체주의를 비판한다는 생각만으로 만들어진 소설이 아니랍니다. 소설 속에는 조지 오웰의 삶이 꽉 차게 담겨 있지요. 조지 오웰은 사회주의자로서 부르주아로 태어난 자신의 생을 부정하고 노동 현장에 몸을 던져 프롤레타리아의 삶을 느껴 보려고 애를 썼습니다. 또 행동하는 사회주의자로서 에스파냐 내전에 뛰어들어 사회주의를 유럽 사회에 뿌리내리게 하고자 했습니다. 하지만 그렇다고 해도 사회주의 지도자들의 독재 체제는 반드시 물리쳐야 한다는 생각에『동물농장』을 집필한 것입니다.

조지 오웰은 소설 속에서 날이 갈수록 깊어지는 계급 간 빈부 격차에 대해 날카롭게 비판했습니다. 소위 사회주의 지도자라고 하는 사람들이 민중을 배신하고 그들을 수단으로 이용하며, 갖은 사치와 허영에 빠져 있는 모습을 도저히 용납할 수 없었던 것입니다. 그런 그의 생각이 인간 존슨 씨 집의 침대에서 자며 향락에 빠져 버리는 돼지 나폴레옹을 만들어 냈습니다. 이처럼 웃음과 해학 속에 권력에 집착하는 인간 군상의 씁쓸함을 느낄 수 있는 작품이 바로『동물농장』입니다.

러시아 왕조를 무너뜨리고
노동자가 이끄는 세상을 꿈꾸다

사회주의 세상을 꿈꾸었던 조지 오웰은 성공적인 사회주의 혁명이 일어난 러시아에서 민중을 배반하고 비밀경찰을 동원하여 독재 정치를 휘두르는 집권자 스탈린에 분노하여 『동물농장』을 통해 그를 맹렬히 비판하였습니다. 스탈린이 집권하기 전까지 러시아는 조지 오웰이 꿈꾸었던 노동자들의 혁명으로 수립된 세계 역사 최초의 사회주의 공화국이었습니다. 어떤 과정을 거쳐 이러한 혁명이 가능했을까요? 이를 알기 위해 사회주의 사상의 탄생부터 러시아 혁명의 신호탄이 된 '피의 일요일 사건', 그리고 볼셰비키를 이끌어 사회주의 혁명을 달성한 레닌에 대하여 살펴보겠습니다.

—— 러시아 혁명을 이끈 사상, 사회주의

독일의 칼 마르크스(Karl Marx, 1818~1883)와 엥겔스(Friedrich Engels, 1820~1895)는 노동자들의 문제를 계급 투쟁의 역사로 이론화하여, 프롤레타리아 노동자들이 투쟁과 혁명을 통해 자본가들에게 대항해야 한다는 주장을 세상에 내놓았습니다. 이들은 1848년 그 유명한 『공산당 선언』을 바탕으로 사회주의 운동을 탄생시켰지요. 『공산당 선언』은 "모든 지배 계급을 공산주의 혁명 앞에 떨게 하라."라는 명제로 전 세계의 수많은 노동자와 혁명가에게 깊은 영향을 끼쳤습니다. 특히 칼 마르크스는 사회주의자들의 필독서인 『자본론』을 저술하여 사회주의와 계급 투쟁 이론을 체계화했습니다. 그는 자본주의의 모순을 지적하며, 노동자 계급의 혁명을 통해 공산주의 사회를 건설해야 한다고 주장했지요. 이를 위해 생산 수단을 사회가 공동으로 소유하고 관리하며 계획적인 생산과 평등한 분배를 해야 한다고 주장했습니다.

── 러시아 혁명의 신호탄, 피의 일요일 사건

러시아와 일본이 치른 러일전쟁(1904~1905)은 러시아 민중을 참기 어려운 고통 속으로 밀어 넣었습니다. 열악한 노동 조건 속에 낮은 임금, 치솟는 물가로 하루를 살기가 힘들었습니다. 그리스 정교의 가폰 신부는 1905년 1월 22일, 눈이 내린 일요일 아침에 부녀자와 노인, 어린이가 포함된 시위대를 이끌고 러시아 황제 차르에게 청원서를 제출하기 위해 겨울 궁전으로 나아갔습니다. 그들의 청원서에는 이런 말이 적혀 있었어요.

"폐하, 저희들 상트페테르부르크의 노동자는, 힘이 없고 나이든 부모, 아내, 자식들과 함께 정의와 보호를 찾아 폐하께 왔습니다…."

하지만 정의와 보호는 무너졌습니다. 겨울 궁전을 지키고 있던 경찰과 군대가 무차별한 사격을 가했기 때문입니다. 사망자만 500~600명, 부상자는 수천 명에 달했습니다. 하얀 눈 위에 평화적인 시위를 하던 시위대의 붉은 피가 선명하게 번지자 이를 지켜본 사람들은 분노했습니다. 그런데도 로마노프 왕조는 거듭되는 실정을 하며 계속 민중을 속여 결국 제1차 세계 대전 중인 1917년에 러시아 혁명이 일어나게 됩니다. 그리하여 '피의 일요일 사건'은 참았던 민중의 분노를 터트리는 러시아 혁명의 신호탄이 되었습니다.

── 세계 최초로 사회주의 혁명을 성공시킨 블라디미르 레닌

칼 마르크스는 최초의 사회주의 혁명은 선진적인 산업 국가에서 일어난다고 예상했습니다. 그러나 실제로는 유럽에서 가장 후진국이던 러시아에서 사회주의 혁명이 일어나 성공했지요. 사회주의 혁명을 성공시킨 사람은 블라디미르 일리치 레닌(Vladimir Ilyich Ulyanov/Lenin, 1870~1924)입니다. 레닌은 혁명가인 형이 알렉산드르 3세를 암살하려다 실패해 처형되자 그 뒤를 이어 혁명가로서 활동했습니다. 그러다 3년간 시베리아에서 유배를 당했지요. 망명 생활 중에 귀국한 레닌은 러시아 사회민주노동당(RSDLP)에서 '볼셰비키(다수파)'를 이끌었습니다. 1917년 2월 혁명이 일어나 로마노프 왕조가 무너지고 멘셰비키(소수파)를 중심으로 한 임시 정부가 세워졌습니다. 그러나 여전히 제1차 세계 대전이 지속되고 경제는 매우 불안정한 상태였지요. 이에 레닌은 『4월 테제』를 발표해 "모든 권력을 소비에트로!"를 주장하며 임시 정부에 대항했습니다. 노동자·병사 소비에트(평의회)를 활용해 민중의 지지를 확보하고 카리스마 넘치는 지도력과 판단력으로 마침내 1917년 11월(러시아력은 10월) 볼셰비키에 의한 붉은 혁명을 성공적으로 이끌었습니다. 러시아의 사회주의 혁명은 제국주의에 고통받는 피압박 민족을 해방시켜야 한다는 이념을 널리 보급시켜 세계 곳곳에서 새로운 사회주의 국가가 탄생하는 데 구심점이 되었습니다.

참 고 문 헌

단행본

- 호메로스, 천병희 역 『일리아스』 그리스어 원전 번역, 도서출판 숲, 2007
- 나관중, 정소문 역, ebook 『고본완역 삼국지연의 1~20』, 전통문화연구회, 2011~2012
- 나관중, 김구용 역 『삼국지연의 1~10』, 솔 출판사, 2003
- 알리기에리 단테, 박상진 역 『신곡: 지옥편』, 민음사, 2007
- 월터 스콧, 서미석 역 『아이반호』, 현대지성, 2018
- 미겔 데 세르반테스, 박철 역 『돈키호테』, 시공사, 2015
- 찰스 디킨스, 황소연 역 『올리버 트위스트』, 시공사, 2020
- 레프 톨스토이, 박형규 역 『전쟁과 평화 1~4』, 문학동네, 2016~2017
- 빅토르 위고, 이형식 역 『레 미제라블 1~5』, 펭귄클래식코리아, 2010
- 빅토르 위고, 나혜란 역 『레미제라블』, 밀리언셀러, 2019
- 마가렛 미첼, 안정효 역 『바람과 함께 사라지다』, 열린책들, 2010
- F. 스콧 피츠제럴드, 김영하 역 『위대한 개츠비』, 문학동네, 2009
- 안네 프랑크, 이건영 역 『안네의 일기』 탄생 80주년 기념판, 문예출판사, 2009
- 조지 오웰, 도정일 역 『동물농장』 민음사, 2001
- H.D.F 키토, 박재욱 역 『고대 그리스 그리스인들』, 갈라파고스, 2007
- 피에르 레베크, 시공사 편집부 『그리스 문명의 탄생』, 시공사, 1995
- 이윤기 『이윤기의 그리스 로마 신화』, 웅진지식하우스, 2000
- 토마스 불핀치, 박경미 역 『그리스 로마 신화』, 혜원 출판사, 2011
- 크리스토퍼 켈리, 이지은 역 『로마 제국』, 교유서가, 2015
- 니콜로 마키아벨리, 강정인, 김경희 역 『로마사 논고』, 한길사, 2018
- 에이드리언 골즈워디, 하연희 역 『로마 멸망사』, 루비박스, 2012

- 민관동『삼국지에서 삼국지연의까지』, 역사에서 허구로, 학고방, 2022
- 박한제 외『아틀라스 중국사』, 사계절, 2007
- 패트리샤 버클리 에브리, 이동진, 윤미경 역『사진과 그림으로 보는 케임브리지 중국사』, 시공사, 2010
- 에드먼드 버크, 이태숙 역『프랑스 혁명에 관한 성찰』, 한길사, 2017
- 노명식『프랑스 혁명에서 파리 코뮌까지』, 책과함께, 2011
- 알베르 소불, 최갑수 역『프랑스 혁명사』, 교양인, 2018
- 에릭 홉스봄, 정도영, 차명수 역『혁명의 시대』, 한길사, 1998
- 문학과영상학회 편『우리 시대의 레미제라블 읽기』, 한울아카데미 2014
- 볼프강 벤츠, 최용찬 역『홀로코스트』, 지식의풍경, 2002
- 로버트 S. 위스트리치, 송충기 역『히틀러와 홀로코스트』, 을유문화사, 2004
- 앨런 브링클리, 손세호, 이영효, 김덕호, 김연진, 조지형, 황혜성 역『있는 그대로의 미국사 3: 미국의 세기-제1차 세계대전에서 오바마 행정부까지』, 휴머니스트, 2011
- 마이클 하워드, 최파일 역『제1차 세계대전 』교유서가, 2015
- E.M.번즈, R.러너, S.미첨, 박상익 역『서양 문명의 역사』소나무, 1994
- 르몽드 디플로마티크, 권지현 역『르몽드 세계사』휴머니스트, 2008
- 배영수 엮음『서양사 강의』, 개정판, 한울아카데미, 2019
- 주경철『대항해 시대』, 서울대학교출판부, 2008
- 주경철『문학으로 역사 읽기, 역사로 문화 읽기』, 사계절, 2009
- 하워드 진, 레베카 스테포프, 김영진 역『하워드 진 살아있는 미국 역사』, 추수밭, 2008
- 케네스 데이비스, 이순호 역『미국에 대하여 알아야 할 모든 것, 미국사』, 책과함

께, 2004

• 지오프리 파커, 김성환 엮음『아틀라스 세계사』, 사계절, 2004

• 허구생『근대 초기의 영국: 헨리 8세와 엘리자베스 1세의 국가 만들기』, 한울아
카데미, 2015

• 리처드 오버리, 이종경 역『지도로 보는 타임즈 세계 역사 1』, 생각의나무, 2009

• 김창성『사료와 그림으로 보는 세계사 산책』, 솔 출판사, 2003

• 케네스 포메란츠, 스티븐 토픽, 박광식 역『설탕, 커피, 그리고 폭력』, 심산, 2003

• 박윤덕 외『서양사 강좌』, 아카넷, 2016

• 엘빈 토플러, 원창엽 역『제3의 물결』, 홍신문화사, 2006

논문

• 김한「『일리아스』에 나타난 호메로스의 신들」, 《영어권문화연구》, 2013, vol.6.

• 김한「호메로스(Homeros)의 시 세계 고찰: 일리아스(Ilias) 읽기를 중심으로」,
《고전르네상스영문학》, 2013, vol.22.

• 김은중「고대 그리스 초기사상에서 자유와 명예-호메로스의 작품에 등장하는
신화적 영웅들의 행위 분석을 중심으로-」, 《동서철학연구》, 2011

• 김요한「호메로스의 전쟁관-호메로스 작품에 나타난 그리스 전쟁 영웅의 aidōs
를 중심으로-」, 《철학논총》, 2017, vol.87.

• 송문현「트로이 전쟁-전승과 증거 사이」, 《서양고대사연구》, 2007, vol.21.

• 송문현「뮈케네 세계의 몰락 원인론-하나의 설명모델」, 《서양고대사연구》, 2013,
vol.34.

• 우성주「이미지 분석에 의한 트로이 전쟁의 동기 해석」, 《서양고대사연구》, 2011,
vol.29.

- 이태수「호메로스의 영웅주의 윤리관」,《서양고전학연구》, 2013, vol. 50.
- 최혜영「로마 황제 숭배와 유대-크리스트교와의 갈등」,《서양고대사연구》, 2009, vol. 25.
- 배은숙「검투사 경기에 대한 로마인들의 시각-세네카와 유베날리스를 중심으로-」,《대구사학》 2012, vol. 108
- 김종현「로마제국과 바울의 선교 전략: 로마서 13장 1-7절에 투영된 팬데믹 시대의 '현명한' 복음」,《신학과 사회》, 2021, vol. 35.
- 김옥란「<三國志演義>의 "赤壁大戰"에 대한 역사적 고찰」,《한중인문학연구》, 2003, vol. 11.
- 김종현「『삼국지연의』의 '의로움(義)'이 갖는 복합적 의미」,《인문사회과학연구》, 2020, vol. 21.
- 박상진「누가 난테를 구원할 것인가?:『신곡』에 나타난 기억에 관한 미적 고찰」,《이탈리아어문학》, 2006, vol. 18.
- 김운찬「『향연』과 단테의 문학적 노정」,《이탈리아어문학》, 2009, vol. 26.
- 박상진「단테의 순례와 변신」,《이탈리아어문학》, 2016, vol. 47.
- 이상엽「Dante의『신곡Divina Commedia』제 1곡 연구」,《이탈리아어문학》, 2017, vol. 51.
- 김효신「단테와 페트라르카의 삶과 정치」,《이탈리아어문학》, 2021, vol. 64.
- 정현석「13세기 중세 영혼론의 맥락에서 본 단테의 영혼 이해」,《중세철학》, 2019, vol. 25.
- 이상동「헤이스팅스: 노르만 정복과 헤이스팅스 전투」,《서양중세사연구》, 2019, vol. 43.
- 심재윤「앵글로-색슨 잉글랜드 사회의 신분적 유동성」,《영국연구》, 2005,

vol. 14.

• 신경원 「'아이반호'에 드러난 스콧의 인종 중심 영국 정체성 비판 연구」, 《19세기 영어권문학》, 2012, vol. 16.

• 김경범 「돈키호테의 죽음: 각성 혹은 새로운 영웅의 탄생」, 《스페인어문학》, 2003, vol. 26.

• 안주희 「『돈키호테』속에 나타나는 근대적 요소에 대한 연구」, 《중남미연구》, 2005, vol. 23.

• 김춘진 「『돈키호테』비평의 몇 가지 반성적 회고와 성찰」, 《인문논총》, 2010, vol. 64.

• 권미선 「『돈키호테』에 반영된 세르반테스의 창조적 사고」, 《라틴아메리카연구》, 2023, vol. 16

• 김외현 「『올리버 트위스트』에 나타난 빈민 통제 전략」, 《신영어영문학》, 2016, vol. 64

• 장남수 「『올리버 트위스트』 소론」, 《현대영미어문학》, 2004, vol. 22

• 김택중 「찰스 디킨즈의 도시화에 대한 인식의 변화」, 《문학과환경》, 2011, vol. 10

• 김택중 「『올리버 트위스트』에 나타난 공포의 모티프가 독자에 미치는 영향」, 《영어영문학연구》, 2011, vol. 37

• 이노신 「찰스 디킨즈의 『올리버 트위스트』와 빅토르 위고의 『레 미제라블』의 상호텍스트성 분석」, 《영미문화》, 2010, vol. 10

• 김성일 「L. 톨스토이 문학에 나타난 전쟁 - 장편소설 『전쟁과 평화』를 중심으로」, 《비교문화연구》, 2014, vol. 34

• 조미경 「데카브리스트들이 시베리아 지역에 미친 문화적 영향: 교육, 농업, 의료

활동을 중심으로」,《슬라브학보》, 2017, vol.32

- 김연경 「톨스토이의 『전쟁과 평화』(1869)와 생활 - 일상의 힘」,《외국문학연구》, 2019, vol.75
- 최인선 「자유와 필연의 이율배반성: 『전쟁과 평화』의 안드레이와 피에르를 중심으로」,《동서비교문학저널》, 2021, vol.57
- 이기주 「『전쟁과 평화』와 여성」,《노어노문학》, 2011, vol.23
- 박현섭 「『전쟁과 평화』에서의 집단의식에 관하여」,《러시아어문학연구논집》, 2017, vol.56
- 김상률 「"잃어버린 세대"와 그 불만: 위대한 개츠비에 나타난 재현의 폭력 - 」,《외국문학연구》, 2005, vol.19
- 정진농 「계급, 사랑, 성의 문제를 통해서 본 『위대한 개츠비』 다시 읽기」,《현대영미소설》, 2009, vol.16
- 변종민 「신역사주의 관점에서 『위대한 개츠비』 다시 읽기」,《영어영문학》, 2015, vol.20
- 양옥석 「『위대한 개츠비』에 묘사된 장소와 인물의 상관관계」,《현대영미어문학》, 2015, vol.33
- 박기태 「1920년대 미국의 낭만적 환상 - 『위대한 개츠비』를 중심으로 - 」,《세계역사와 문화 연구》, 2017, vol.45
- 배기순 「피츠제럴드의 사회담론: 『위대한 개츠비』」,《신영어영문학》, 2012, vol.51
- 김수행 「고전적 마르크스주의의 옹호」,《사회경제평론》, 2007, vol.28
- 최돈일 「〈동물농장〉에 나타난 캐릭터의 상징성 연구」,《만화애니메이션연구》, 2015, vol.38

- 김명환 「조지 오웰의 혁명 개념과 애국심」, 《영국연구》, 2016, vol. 36
- 김명환 「조지 오웰의 사회주의-토리 무정부주의와 민주적 사회주의」, 《역사와 경계》, 2016, vol. 100
- 배윤기 「조지 오웰을 찾아서: 경계에 선 삶, 생각, 언어」, 《로컬리티 인문학》, 2018, vol. 19